樂律

黃河變遷史

歷代至清代的

河患鳥瞰

從民族主義到河務政策，
看歷代河徙諸問

岑仲勉 著

利河南行誤說 × 河史通史異同
治河主張分歧 × 河事簡表編制

「蓋河出山泉以匯於海，中途或滯或湍，或瀦或瀉，或歧或一，
其於床址崖岸，或蝕或積，一皆本乎自然。
河之有治有不治，則自有人類之關係始。」

束水攻沙、開洳河之議、河史研究、治河矛盾……
河道變遷考證與河防批評！

目錄

第十三節（下） 明代河患的鳥瞰

第十四節（上） 清代的河防

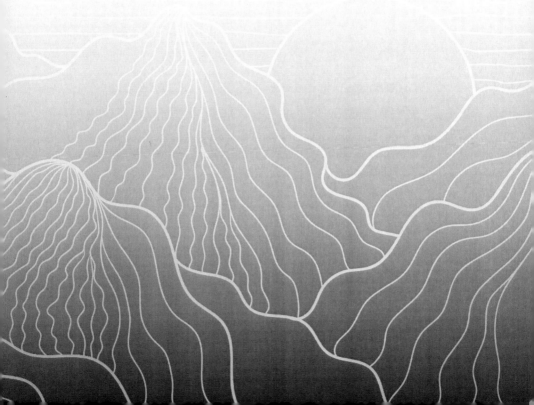

第十一節
金代的黃河及
關於河徙的許多疑問

▋ 一、重重疑問

甲、河患簡表

宋人的著書或文章，傳下來的比唐代多，而對於「橫隴河」、「北流」及「東流」（二股河）經過哪些地方，像《元豐九域志》、《輿地廣記》等，都沒有系統的記述，所謂遊、金二河，更幾乎無可考據（見前節），這是宋代人一般偏重理想，不切實際的重要缺點。試跟唐人的著書來比較，李吉甫的《元和郡縣圖志》還算實用（見第九節），是古代不可多得的了。宋人既這樣疏略，金代文化更為低下，黃河如何改道，至今沒弄明白，是意中事。

胡渭著《禹貢錐指》，在其附論歷代徙流的裡面（卷四○下），關於各個時代的黃河歷史，都有相當研究，不偏重於任何方面，可是有關金朝一節，卻有點隨隨便便，未能使人滿意。近人鄭肇經所編《中國水利史》之「河大徙四」一段，[001]除加入了兩三條零碎史料，差不多完全接受胡氏的斷論，沒有什麼修正。所以，我們對金世河流的變遷，不可不再作一回深入的探索。

《金史》二七〈漕渠〉條有過「其通漕之舊，黃河行滑州、

---

[001] 《水利史》二六－二九頁。

大名、恩州、景州、滄州、會川（今青縣）之境」的話，究竟
北宋末「北流」的黃河，最初以什麼時候改道？是否在明昌五
年？改道後河水究竟流向什麼地方？都是極難的問題，過往資
料缺乏，既無可補救，舊日學者的處理，又出於含糊或簡略的
態度。現在，讓我們把南渡後金代重要河務的史料，先列成一
個簡表，[002] 再試著探討。

年分	河務	備考
宋高宗建炎二年 （金太宗天會六年， 一一二八年）	十一月，乙未，東京留 守杜充聞有金師，乃決 黃河入清河以沮寇。[003]	
紹興初年 （約一一三一－ 一一四〇年）	河沒濬州城。[004]	
金廢主亮天德二年 （一一五〇年）	河水淹沒鉅野縣。[005]	

---

[002]　表裡面的事實，除特別註明出處外，其餘都根據《金史・河渠志》。

[003]　李心傳《建炎以來繫年要錄》一八。《宋史》高宗紀作「自泗入淮」。

[004]　樓鑰《北行日錄》上。

[005]　參據《金史》二五及《元史》五八。

年分	河務	備考
宋高宗紹興三十一年（大定元年，一一六一年）	五月，河決曹、單。[006]	
金世宗大定六年（一一六六年）	五月，河決陽武，由鄆城東流，匯入梁山泊。	鄆城徙治盤溝村。[007]
大定八年（一一六八年）	六月，河決李固渡，潰曹州城，分流單州。[008]	
大定十一年（一一七一年）	河決王村。[009]	南京、孟、衛州界多被其害。
大定十二年（一一七二年）	檢視官言水東南行，其勢甚大。	請自河陰廣武山而東，至原武、陽武、東明等縣，孟、衛等州，增築堤岸。

[006] 《圖書整合・山川典》二三二引《兗州府志》。

[007] 《黃河年表》引《鄆城縣誌》（六一頁），又《元史》二六。

[008] 樓鑰《北行日錄》上作去歲五月，《金史》當是根據官中報到日期，所以書作六月。

[009] 同名王村的地方很多，這一個王村，據《河渠志》是在河的南岸，或即現在原武縣西的王村；王村亦見《金史》一〇四《奧屯忠孝傳》。後見嘉靖十四年十二月，劉天和奏請於原武縣王村廠增築月堤十里（《金鑑》二四），知我所猜尚不誤。《黃河年表》引《治水述要》，「王村今濮州地」（六二頁），按河決濮州，似不至反決到開封（南京）、衛、孟，《述要》的考證太無根據。

年分	河務	備考
大定十三年 （一一七三年）	三月，尚書省請修孟津、滎澤、崇福掃堤。[010]	命雄武 [011] 以下八掃同修。
大定十七年 （一一七七年）	七月，河決陽武 [012] 之白溝。	
大定十九年 （淳熙六年，一一七九年）	河決入汴梁間。[013]	
大定二十年 （一一八〇年）	七月，河決衛州及延津京東掃。[014]	檢視官言河失故道，勢益南行，乃自衛州掃下接歸德府南、北兩岸增築堤。
大定二十一年 （一一八一年）	十月，河移故道。	

---

[010] 據〈河渠志〉，崇福掃應屬衛州。

[011] 說見後文。

[012] 《輿地廣記》五，陽武縣有白溝，《金史》二五，陽武有白溝河。同名白溝的很多，應以陽武的為合。

[013] 《老學庵筆記》只稱淳熙中，同前《圖書整合》引《河南通志》作淳熙六年。

[014] 「七月」是據《金史》二三〈五行志〉。

年分	河務	備考
大定二十六年 （一一八六年）	八月，河決魏州堤。[015]	徙胙城縣，[016] 河勢泛溢及大名。
大定二十七年 （一一八七年）	二月，命沿河四府、十六州及四十四縣之長貳，並帶管句河防事。[017] 河決曹、濮閒。	康元弼往按視，遷曹州城於北原。[018]
大定二十九年 （一一八九年）	五月，河溢於曹州小堤之北。	
章宗明昌四年 （一一九三年）	六月，河決衛州。	魏、滄、清皆被害。[019]

---

[015]　《金史》九七〈張大節傳〉：「後河決於衛，橫流而東，滄境有九河故道，大節即相宜繕堤，水不為害。」《行水金鑑》一五把這件事編入大定二十年下。又九五《劉璋傳》：「明年，擢戶部尚書，時河決於衛，自衛抵清、滄皆被其害。」《金鑑》據〈河渠志〉編入大定二十六年下。按二十年河決是南行，不應流向滄州，大節傳所記，亦顯然是二十六年的事，《金鑑》是錯編的。《黃河年表》把大節那件事編在明昌四年（六四頁），又是另一種錯誤，因為大節傳記它在章宗即位之前。

[016]　《金史》八。

[017]　說見下文。

[018]　《金史》九七〈康元弼傳〉。

[019]　說見下文。

年分	河務	備考
明昌五年 （一一九四年）	正月，田櫟奏今河水趨北，可於北岸牆村決河入梁山濼故道，今擬先於南岸王村、宜村[020]兩處決堤導水，差德州防禦使李獻可等於山東當水所經州縣，築護城堤。四月，百官議，梁山濼淤填已高，使大河北入清河，山東必被其害。	八月，河決陽武光祿村故堤，灌封丘而東。
衛紹王大安元年 （一二〇九年）	徐、沛界黃河清。[021]	
宣宗貞祐二年 （一二一四年）	冬，黃河自陝州界至衛州八柳樹清。[022]	
貞祐三年 （一二一五年）	四月，單州刺史請決大河使北流往博、觀、滄之境。	

---

[020]　宜村在南岸，見〈河渠志〉；地屬胙城，見《金史》二五。
[021]　均同前《五行志》。八柳樹屬新鄉地面，參下文第十三節上注 33 引。
[022]　均同前《五行志》。八柳樹屬新鄉地面，參下文第十三節上注 33 引。

年分	河務	備考
哀宗正大元年 （一二二四年）	蒙古攻歸德，決河灌城，由西南入睢水。[023]	

此外，《元史》五九稱，「金大定中，河水堙漫，（封丘）遷治新城」，又乾道五年，樓鑰《北行日錄》上稱，未到滑州之前，「路西有白龍潭，傍有大碑，蓋自昔年河決所瀦也」，都未知確屬哪一年。至簡表所記的事實，首須辨明的是大定十三年下的雄武掃，《水利史》注稱：「今河北薊縣東北。」[024] 這是大大的錯誤。即在北宋末年北流的時候，薊縣也並不是黃河經過的地方。據《宋史》九四，元祐中李仲奏：「自宋用臣創置導洛清汴，於黃河沙灘上節次創置廣、雄武等堤掃，到今十餘年間，屢經危急，況諸掃在京城之上。」又據《金史》二七，「雄武、滎澤、原武、陽武、延津五掃則兼汴河事，設黃汴都巡河官一員於河陰以蒞之」，滎澤至延津四掃，是按自西而東的排列，雄武掃應在河陰附近，是斷然無疑的。

乙、「北流」斷絕時期的總窺測

最早，杜充決河一事，李心傳《建炎以來繫年要錄》一八，把它寫在建炎二年十一月乙未（十五）日下說：「東京

---

[023]　《續金鑑》三引《清一統志》。
[024]　《水利史》二七頁。

留守杜充聞有金師，乃決黃河入清河以沮寇，自是河流不復矣。」清河有南、北的分別，是哪一條清河呢？據《宋史》二五稱，決河自泗入淮（《宋史》四七五，《杜充傳》沒有提及），然則是南清河了。《要錄》又說「自是河流不復」，好像自那時起，黃河即已離開了「北流」，後面引方氏的話，也可能這樣解釋，但方氏所稱「建、紹後」，措辭是非常含糊的，跟朱熹《語錄》記載的情形（引見下文），時代又不太相合，由《北行日錄》的記事（亦引見下文）來看，李心傳的話不太可信。

金代河患紀錄最早的，約在太宗天會九年至熙宗天眷三年之間（一一三一─一一四〇年），《北行日錄》上稱，浚州的「故州在今郡城之北，紹興初，河失故道，蕩為陂澤，遺堞猶有存者，舊河卻為通途」，但究在哪一年，不能確知。

又劉豫阜昌七年（一一三七年）四月刊《石刻禹跡圖》，據吳其昌說：「此圖黃河自今直隸天津附近入海，即今白河之入海口道是也。其後南徙，與淮河合，由今日江蘇淮陰縣入海。……而今人之繪歷史地圖者，無論其為隋、唐、宋、元、明、清，河道一律在魯，覺可哂矣。」[025] 更證實天會十五年（即阜昌七年）黃河尚未往南改道。

其次，應算天德二年（一一五〇年），《金史》二五，濟州

[025] 《國學論叢》一卷一號五四頁。

「舊治鉅野，天德二年徙治任城縣」，又《元史》五八，濟州「金遷州治任城，以河水淹沒故也」（金的鉅野在今鉅野縣南，任城即今濟寧），是廢主亮在位第二年，黃河曾沖到鉅野。朱熹《語錄》所說，「後來南流，金人亦多事」（詳文引見下），應指這一回的經過，它說金人多事，好像暗指廢主亮。又明艾南英《禹貢圖注》引方氏說（方氏的名字，因手頭沒有《經義考》，故未檢出）：

> 建、紹後黃河決入鉅野，溢於泗以入於淮者，謂之南清河；由汶合濟至滄州以入海者，謂之北清河。是時，淮僅受河之半。金之亡也，河自開封北衛州決而入渦河以入淮，一淮水獨受大黃河之全以輸之海。

天德二年相當於宋紹興二十年，參合比證，黃河放棄「北流」，改道南行，似乎可能就在這一年。但大定九、十年間黃河尚通過滑、浚（見後引《北行日錄》），則這個疑問不能成立。同時，我更要指出，方氏稱建、紹後怎樣怎樣，是概括的話，我們不要太過拘泥及聯想，以為決入鉅野既在天德二年，則分流北清河亦在天德二年。也許這兩件事並不是同年發生，而方氏說不清楚。因為，看大定九年梁肅、宗敘兩人的奏議（詳下文丙項），很反映出大定初年有過南、北兩清河分流的事實。根據上項理由，則一淮受全河之水，憑現知史料，應以大

定二十年為第一次（理由詳下文），方氏把它擺在金亡入渦時期是不對的。

再者，明昌四年河決衛州，魏、滄、清皆被害，魏即大名府，滄、清兩州在今河北省內，讀者會因這一點，懷疑那時候黃河仍通過滄、清二州。然而細心觀察一下，便覺得滄、清被害，只不過一時的餘波，試看自大定初元（一一六一年）以後，有觀河務的事件，總未嘗涉及滄、清二州所轄的縣分，尤其大定二十七年規定四十四縣兼管河防事務，也沒有那些縣分，如果說大定二十七年及以後黃河尚通過滄、清，哪能令人置信？

更有應該辨明的，《金史》二五和二六《地理志》於各縣下往往注「有黃河」的字樣，現在從陽武起，按著由西向東的順序，把它列舉如下：

陽武　汲　延津　考城（？）　濮陽　清豐　陽穀　聊城東阿長清　高唐　禹城　商河　陽信　渤海（今濱縣）

其中最可注意的是考城，留待下文再說。剩下十四縣，我初時滿以為皆金代末期黃河經行的地方，後來偶然拿來跟《元豐九域志》一比，除長清、禹城兩縣（屬齊州）今本《九域志》已佚去之外，兩書所記完全相同（參看前節），才明白《金史·地理志》這一串材料，完全抄襲宋人書說，沒有什麼價值。

　　《金史》二七〈河渠志〉：「金始克宋，兩河悉界劉豫，豫
亡，河遂盡入金境。」劉豫死於金熙宗皇統六年（一一四六
年），在世時諒無官書記載，所以《金史·河渠志》到大定八年
才開始有著黃河記事，以前的黃河怎樣，還是未解決的謎。
《錐指》四〇下曾作過如下的解釋：

　　范成大《北使錄》云，浚州城西南有積水若河，蓋大河剩
水也。按《宋史》隆興再請和，以成大充金祈請國信使（《范成
大傳》），孝宗隆興之元年、二年，即金世宗之大定三年也，
時浚州城下僅有剩水，則河離浚、滑在隆興之前可知矣。朱子
《語錄》一條云，元豐間，河北流，自後中原多事，後來南流，
金人亦多事，近來北流，見歸正人說。蓋其時河嘗南流，尋復
歸北也。

　　《北使錄》全文未得見，僅就這兩句來看，很難作事實的
判定。《圖書整合·職方典》一三三「浚縣」，「宋浚州故城在
（浮丘）山西二里，宋天聖初（一〇二三年）以地陷為湖」，「浮
丘山在縣西南隅，半在城內」，又「長豐泊在縣（西）二十里，
即白祀、童山二陂水所匯。每逢夏秋雨集，河水氾濫，淹沒民
田，經年不涸」，這些都可能是成大所見的剩水。宋政和五年
（一一一五年）依孟昌齡的建議，引河「使穿大伾大山及東北二
小山，分為兩股而過，合於下流」。《宋史》九三跟著說：

方河之開也，水流雖通，然湍激猛暴，過山稍隘，往往泛溢。近寨民夫，多被漂溺，因亦及通利軍，其後遂注成巨瀦云。

通利軍即濬州，成大所見的剩水，更可能是這個巨瀦。如果我的比證不誤，則北宋末已有剩水，《北使錄》的紀事就不能作為隆興（一一六三－一一六四年）前河水完全離開濬、滑的證據。

前面所說，只是推測，後來我更找到樓鑰的《北行日錄》。樓氏以乾道五年（一一六九年，即大定九年）十二月經過滑、濬，據他所記，由滑州的胙城，車行四十五里到黃河渡處，再車行四十五里到滑州，又車行二十五里到濬州，那一天「供黃河鱖魚，甚鮮而肥」。遞年（一一七〇年）正月南迴時候，由滑州行四十五里到武城鎮，「馬行至黃河，去程所行李固渡口以冰泮水深，柴路不可行」。從這些資料，可證實大定九、十年間黃河還未離開濬、滑，《錐指》指定在隆興即一一六三年以前，可不攻而自破。《北行日錄》上又稱未到滑州之前，「路西有白龍潭，傍有大碑，蓋亦是昔年河決所瀦也」，更可見某處地面有積水，並不能認為黃河已離開那一處的佐證。

再看《金史》二五「曹州東明縣」稱，「初隸南京，後避河患，徙河北冤句故地，後以故縣為蘭陽、儀封」。金代最初之

東明，當是承著北宋的建設，據《地理今釋》，宋東明縣在今
蘭封縣屬的蘭儀之東北五里，金東明縣（即後來所遷之地）在
今東明縣南三十里。從這些資料，我們知道在金代某一時期
以後，河是通過現在蘭儀鄉的北邊，東明縣南三十里的南邊，
可惜東明縣遷於什麼時候，《金史》沒有記著年分。唯《金史》
二七〈河渠志〉載，大定十二年（一一七二年）尚書省請「自河
陰廣武山循河而南，至原武、陽武、東明等縣，孟、衛等州，
增築堤岸」，此時黃河已經行經東明了。[026]

丙、大定六、八兩年河決的結果

因為北流斷絕的疑問，我們先須探討大定六年河決陽武的
結果。據《金史》二五「濟州鄆城縣」稱，「大定六年（一一六六
年）五月，徙治盤溝村以避河決」。鄆城在宋代東明、考城兩
縣的東北，考城 [027] 西至東明（即清代的蘭儀附近）不過數十
里，可見大定六年的河決（《河渠志》未載），是沖過蘭儀（宋
的東明）、考城，東北直出鄆城而入梁山泊（見前表），中間
可能經過定陶的北界。《金史》二七〈河渠志〉載，明昌五年

---

[026]　《錐指》四〇下《元代》一節注稱：「按蘭陽、儀封之河，舊出其縣北，與長垣、
　　　東明分水」，並引尚書省的奏作證。但金代初期的東明仍在河的南邊，胡氏沒
　　　有分辨得清楚。

[027]　乾隆四十八年開新河成，舊考城縣陷入河中，別於北岸原屬儀封的堈陽，建立
　　　新城，距舊城六十餘里（《續行水金鑑》二一）。並參下文第十四節上。

（一一九四年）正月，工部擬請「今歲先於南岸延津縣堤洩水，其北岸長堤自白馬以下，定陶以上，並宜加工築護，庶可以遏將來之患；若定陶以東三掃棄堤，則不必修，止決舊壓河口，引導積水東南行流」。細究這一段話的文義，很像大定六年的決口，始終沒有堵塞，河水的一部仍連續向考城、定陶方面流出。但到明昌四五年間（即五年八月河決陽武以前），下游已淤斷，所以定陶以東的舊堤，可不必再修，只須決開舊日的河口，引導積水向東南流出。由此，我們可以進一步決定，考城是大定六年決河所經，《金史》二五所載東明的河患是大定六年的事。但《河渠志》明說「武城、白馬、書城、教城四掃屬浚、滑」，再證諸前引《北行日錄》，可斷定黃河在大定九、十年間仍由延津穿過滑、浚。

大定六年陽武決水流入梁山泊，只見《鄆城縣誌》，《金史》沒有提及，但從別的條文來推勘，其記載是可信的。《金史》二五「東平府（舊鄆州）壽張縣」下稱：「大定七年（一一六七年），河水壞城，遷竹口鎮，十九年復舊治。」金的壽張城跟梁山泊相隔不遠。《金史》四七〈食貨志〉記大定二十一年（一一八一年）八月，世宗有過「黃河已移故道，梁山灤退地甚廣，已嘗遣使安置屯田」的話，又二十二年，「命招復梁山灤流民，官給以田」，《金史·河渠志》也說，「二十一年十月，以河移故道，命築堤以備」，比讀這四條史文，便知「河移故道」的

意義，即是河水離開故道而流向別處，不再向梁山泊流，所以泊裡面淹著許多田畝，跟後來明昌五年田櫟所說「梁山故道多有屯田軍戶，亦宜遷徙」的話 [028] 很符合。照這樣來看，《鄆城志》是對的。

《錐指》四二曾說過：「大清自歷城入濟陽及濱州以東入海之道，不知決於何年，意者，宋熙寧時河常合北清河入海，始開此道。其後，金明昌五年，河復由此入海，久而後去，流益深廣，此大清之所以浩浩，而小清所以屢浚屢塞也與。」我認為胡氏的話，應該加以修正。當大定六年陽武河決，是經蘭儀、考城的北邊，現在東明（非金的東明）的南邊，東北趨定陶、鄆城、壽張各縣，前文已有過考證，決水既沖到壽張，便很容易順著熙寧舊跡，流入大清河。換句話說，大定六年河決的結果，是改從大清河入海。黃河設二十五掃，其中浚滑都巡河官管武城、白馬、書城、教城四掃，曹甸都巡河官管東明、西佳、孟華、凌城四掃，曹濟都巡河官管定陶、濟北、寒山、金山四掃，[029] 白馬、東明、定陶三處所以同時管理河防，就是因為如此。

《金史》又說：「（劉）豫亡，河遂盡入金境，數十年間，或決或塞，遷徙無定。」試問「遷徙無定」，有過什麼事實來表

---

[028]　均《金史》二七〈河渠志〉。

[029]　均《金史》二七〈河渠志〉。

示?《金史》更記著明昌五年正月，田櫟的奏：「前代每遇古堤南決，多經南、北清河分流，南清河北下有枯河數道，河水流其中者長至七八分，北清河乃濟水故道，可容三二分而已。今河水趨北，齧長堤而流者十餘處……可於北岸牆村決河入梁山濼故道，依舊作南、北兩清河分流。然北清河舊堤歲久不完，當立年限增築大堤，而梁山故道多有屯田軍戶，亦宜遷徙。」這是明昌五年河尚未決的話，假使在金代明昌五年以前黃河沒有走過北清河入海，則那裡不會有舊堤。

其次，要再檢查大定八年河決的結果。《北行日錄》上：「胙城之南有南湖，去歲五月河決，所損甚多。河水今與南湖通，沖斷古路，用柴木橫疊其上，積草土以行車馬。」去歲即指大定八年。又《金史》二五「曹州」稱：「大定八年，城為河所沒，徙州治於古乘氏縣。」又《河渠志》：「大定八年六月，河決李固渡，水潰曹州城，分流於單州之境。」《水利史》說：「李固渡在曹州西，非故河所經，其時大河決水或即來自陽武，斜趨東南，水入曹、單，必下徐、邳，合泗入淮，抑又可知也。」[030]

按《北行日錄》上是記乾道五年（一一六九年，即大定九年）十月北使的事說：「車行四十五里，飯封丘。又四十五里，宿胙城縣，車行四十五里到黃河，因河決打損口岸，去年人

[030] 《水利史》，二七頁。曹州西之考定，是本自《淮系年表》六。

使迂行數十里，方得上渡。今歲措置，只就淺水冰上積柴草為路里餘，車馬行其上。此李固渡本非通途，浮橋相去尚數里，馬行三里許，飯武城鎮，一名沙店，車行四十五里，宿滑州。」[031]

又同書下是記乾道六年正月南迴的事說，「滑州，又四十五里武城鎮，早飯，馬行至黃河，去程所行李固渡口以冰泮水深，柴路不可行」，是李固渡在胙城、滑州的中間，本當日臨河的地方，《水利史》認為「非故河所經」，實沒有細考。

金初的曹州即宋之興仁府，在今曹縣西北（據《元和志》一一，曹州西北至滑州二百里），由此，我們知道大定八年的河決，是從滑州、胙城的中間（即李固渡），沖向曹、單。《水利史》推論其下徐、邳合泗而入淮，不會錯誤，而且唯其如此，大定二十七年規定彭城、蕭、豐、沛兼管河防，才得到合理的解釋。至於《行水金鑑》一六二引《看河紀程》：「宋熙寧十年河溢衛州……北流遂絕，胙於是宜無河矣。縣圮於河，疑在熙寧前也。金正大（按當作「大定」）中復以河患徙縣，當是（大定）二十年決衛州之時，但不知北流既絕，何時而復注也。」按熙寧十年的河決，遞年四月即塞，河復歸北（參前文第十節），是黃河仍繼續經過胙城，在這之前，史文也沒有縣圮

---

[031] 《圖書整合・職方典》一四二：「沙店城在（滑）縣西南二十里。」據《地理今釋》一九，宋的滑州在今滑縣東二十，所以相差二十五里。

於河的事。

在河決李固渡之後，大定九年（一一六九年），朝廷遣都水監梁肅往視，[032] 肅回奏：「決河水六分，舊河水四分。今障塞決河，復故道為一，再決而南，則南京憂；再決而北，則山東、河北皆可憂。不若止於李固南築堤，使兩河分流以殺水勢；便上從之。」[033]（「決河」，《金史》二七作「新河」，「復故道為一」作「則二水複合為一」，其他大致相同）同時，宗敘奏稱：「今曹、單雖被其患，而兩州本以水利為生，所害農田無幾。今欲河復故道……縱能塞之，他日霖潦，亦將潰決，則山東河患，又非曹、單比也。」[034] 由這兩條史料再加上前面的考證，我們知道大定六年及八年河決以後，黃河在陽武的地方分作東西兩支：

（甲）循東明向定陶、鄆城、壽張等縣，由大清河入海。（大定十二年，尚書省請循河而南至陽武、東明等縣築堤，東明的新治徙在河之北邊，又大定六年的決口始終沒有堵塞，這幾件事均可為本條作證）

（乙）循宋代北流的故道，東向滑、浚（有《北行日錄》可證）；但在胙城、滑州的中間即李固渡，又再分兩支：

---

[032] 同前的〈河渠志〉。

[033] 《金史》八九肅本傳。

[034] 同前〈河渠志〉。

（1）自李固渡東南決向東明，穿過（甲）支而沖出曹、單，直下徐、邳。[035]

（2）仍循「北流」故道。

丁、再從管勾河防州縣來推定北流於何時斷絕

從另一方面來看，《金史》二七又稱，大定二十七年規定「四府（南京、歸德、河南、河中）、十六州（懷、同、衛、徐、孟、鄭、浚、曹、滑、睢、滕、單、解、開、濟十五州，又志稱「陝西閿鄉、湖城、靈寶」，「陝西」實「陝州」之誤，把它加工，便合成十六州）之長貳，皆提舉河防事，四十四縣之令佐，皆管勾河防事」（四十四縣的名稱，歸入下文討論），假使到這個時候黃河繼續地通過宋代的「北流」，為什麼「大名、恩州、景州、滄州、會川」（《金史》二七，引見下文己項）那些府州縣都不兼管河防？難道那些地方可以斷定不會河決嗎？我們如果要回答這個疑問，只有承認大定二十七年以前，黃河已離開「北流」。

大定九、十年間黃河尚未離開「北流」，到大定二十七年，黃河確已離開「北流」，前文既分別提出證據，那麼，黃河離「北流」，斷應在這十六年當中了。究竟在哪一年，還要費我們的腦筋來猜想一下。試檢閱前表，大定二十年（一一八〇年）

下稱河決衛州及延津，檢視官言河失故道，勢益南行，乃自衛州掃下接歸德府南、北兩岸增築堤，我以為「北流」及大清河的分流斷絕，和梁山泊的乾涸，都是這時期的事，河水專走（乙）支之（1），從曹、單繞出商丘，所以說「勢益南行」。上隔宋元符二年（一〇九九年）東流斷絕，計八十一年，在有史時期，這是第一次以一淮受全黃河之水。《讀史方輿紀要》說，黃河舊東入大名府濬縣境，元至元時自開封府原武縣決而東南流，北道之河遂絕，它把北流斷絕誤放後一百八十餘年。《錐指》四〇下又以至元二十六年會通河成為一淮受河之始，錯誤跟顧祖禹無異。唯《淮系年表·水道編》說「金大定二十年⋯⋯河決衛州延津，漲漫至於歸德府⋯⋯大河遂由今商丘縣東出徐、邳，合泗入淮，濬、滑流空」，大致是沒錯的。

前引《金史》二七管勾河防事務的有四十四縣，如不把它詳列出來，分別句稽，則上頭關於黃河改道的推定，仍未能證實。據《金史》所載：延津、封丘、祥符、開封、陳留、胙城、杞、長垣、宋城、寧陵、虞城、孟津、河東、河內、武陟、朝邑、汲、新鄉、獲嘉、彭城、蕭、豐、河陽、溫、河陰、滎澤、原武、汜水、衛、閿鄉、湖城、靈寶、濟陰、白馬、襄邑、沛、單父、平陸、濮陽、嘉祥、金鄉、鄆城，只得四十二縣。依我的考究，是漏了黃河上游河南府的河南縣（即河南府治）和南京府的陽武縣，陽武是河防極重要的地方，看看前頭

的簡表便見，而且屬黃汴都巡河官所管。四十四縣當中，孟津、河南、河東、河內、武陟、朝邑、河陽、溫、河陰、滎澤、氾水、閿鄉、湖城、靈寶、平陸十五縣，都在黃河上游，可以不論，計剩下二十九個縣。

其次，我們要問，那二十九縣（連補入的陽武）都是黃河經過的地方嗎？不，《河渠志》說：「雄武、滎澤、原武、陽武、延津五埽則兼汴河事，設黃汴都巡河官一員於河陰以蒞之。懷州、孟津、孟州及城北之四埽，則兼沁水事，設黃沁都巡河官一員於懷州以臨之。」汴是黃河的分流，沁是黃河的支流，和黃河正流有關，所以那兩流域的官員也得兼管河防事務。

依照這個條件來分析，我們知道祥符、開封、陳留、杞、襄邑、寧陵、宋城，那七個縣都是汴渠經過的地方（並參下節引《北行日錄》。據《金史·地理志》，汴渠經過的有陽武、中牟、陳留、襄邑、寧陵、睢陽、谷熟、下邑、永城、酇、符離、臨渙、虹等十三縣，睢陽即宋城，承安五年才改名睢陽，又《九域志》，雍丘有汴河，正隆後才改杞縣）。又獲嘉、原武、新鄉、陽武四縣是屬於黃河正流的。過此以後，靠北的為汲、胙城、延津、衛、白馬、濮陽等六縣（金代的衛縣不是衛州，在今浚縣西南五十里。白馬縣即滑州），大約滑、浚、濮陽的故道，未盡淤塞，河水常可分流到那裡，故仍須設防。但

濮陽以下則河水不到，所以恩、景、滄各州都不須負擔這種責任，如非這樣解釋，就無法可以講得通。由此，嚴格來說，黃河相對地離開濬、滑，是在大定二十年，絕對地離開濬、滑，則在明昌四年之後。

剩下的封丘、長垣、濟陰（今菏澤）、單父、虞城、豐、蕭、沛、彭城九縣，應是大定二十七年黃河所經的正道。金鄉、鄆城、嘉祥三縣，因介於南、北兩清河之間。因此，我們如不作深入的研究，就有點莫名其妙。《錐指》四〇下只說：

自滎陽以下，如南京府之延津、封丘、祥符、開封、陳留、胙城、杞縣、長垣，歸德府之宋城、寧陵、虞城，衛州之汲、新鄉、獲嘉，徐州之彭城、蕭、豐，曹州之濟陰，滑州之白馬，睢州之襄邑，滕州之沛，單州之單父，濟州之嘉祥、金鄉、鄆城，皆為沿河之地，則當時河流之所經，亦大略可觀也。

用一種含糊語調輕輕帶過，《水利史》也漫不加察，依樣葫蘆。[036] 其實胡渭不知四十四縣中少了兩縣，還可說是一時大意，若除了「浚州衛」、「開州濮陽」兩縣不提，顯然是因這兩縣和他所提出「河離浚、滑在隆興之前」的考證相牴觸，而瞞混過關，有失學者的態度，卻不能不加以指責。

---

[036] 《水利史》二八頁。

戊、明昌五年算不上河事大變

最後，應該討論明昌五年河決陽武的結果了。《金史·河渠志》只有「灌封丘而東」一句，流向哪方面去？沒有明文，而《錐指》四〇下卻描寫得很詳細：

是歲河徙，自陽武而東，歷延津、封丘、長垣、蘭陽、東明、曹州、濮州、鄆城、範縣諸州縣界中，至壽張，注梁山濼，分為二派：北派由北清河入海，今大清河自東平歷東阿、平陰、長清、齊河、歷城、濟陽、齊東、武定、青城、濱州、濼臺至利津縣入海者是也（詳見導沇入海下）。南派由南清河入淮，即泗水故道，今會通河自東平歷汶上、嘉祥、濟寧合泗水至清河縣入淮者是也（詳見徐州貢道下）。河匯梁山濼，分二派入南、北清河，自宋熙寧十年始；[037] 尋經塞治，至是復行其道，而汲、胙之流遂絕。

分入南、北清河的決定，不外兩項根據：（甲）項即，金吉甫云，河至紹熙甲寅，南連大野，並行泗水，以入於淮，於是有南、北清河之分。北清河即濟水故道。南清河並泗入淮，今淮安之西二十里對岸清河口是也。[038]

---

[037]　乾隆四十二年薩載說：「三代時河未南行，自漢以後，入淮旋塞，仍北行入海。至宋紹熙五年河徙陽武，分二派，一由北清河入海，一由南清河入淮，黃河南行自此始。」（《乾隆東華錄》三三）說黃河南行始自明昌，尤其不合。

[038]　《錐指》四〇下。

紹熙甲寅相當於明昌五年，金履祥的原文，我未能檢視得到，由《錐指》的引文來看，金氏說河水行泗入淮，是很明白的。據《元和志》五，「大野澤一名鉅野，在（鉅野）縣東五里」，唐的鉅野縣在今鉅野縣南，我以為河水流入鉅野後，即從金鄉方面折入原日水道，直下徐州，《河渠志》特著「灌封丘而東」一句，實意味著河道遠離汲、胙。至「於是有南、北清河之分」一句，金氏的原意，是否說決河的一支折北入梁山泊而行北清河，絕不明瞭（梁山泊在鉅野縣之北，參前節注二〇），因為北清河是原有的（參前文第九節）。

　　胡氏的（乙）項根據是：

　　朱子《語錄》又一條云：因看劉樞家《中原圖》，黃河卻自西南貫梁山泊，迤邐入淮來，神宗時河北流，故金人盛，今卻南來，其勢亦衰，謂此事也（時朱子年六十五）[039]。

　　考《金史》一〇五，劉樞死於大定四年（一一六四年），河入梁山泊在大定六年，朱熹所見的圖，當是樞的後人所繪。但熹六十五歲時，即明昌五年，而明昌五年的河決，遲在八月，即使樞家能馬上查出新決的河道，繪製成圖（這在古代是不可能的），也來不及於同年之內，傳到南宋給朱熹看見。換句話說，熹所見的圖是表示明昌五年河未決陽武以前某一個時期的

―――――――――――――――――――――――――

[039]　同上。

水道，《語錄》的話完全不能作為明昌五年河水決入梁山泊的憑證。胡渭忽略了歷史的時間性，所以引據錯誤，由這個錯誤，再進而誤會明昌五年的決道跟宋熙寧十年的決道一樣。就算把這一層放過，胡氏也有自己大相矛盾的地方，他在《錐指》四二曾引過顧炎武《日知錄》一節如下：

> 《金史・食貨志》，黃河已移故道，梁山濼水退地甚廣，遣使安置屯田，自此以後，鉅野、壽張諸邑，古時瀦水之地，無尺寸不耕，而忘其為昔日之川浸矣。

《食貨志》記梁山泊淤澱，是大定二十一年的事，顧氏之意，以為此後都變成耕地。如果明昌五年河水再度沖入泊裡去，則胡氏不應接受顧氏的論定，最少也要加以補充或說明，這是胡氏自己不相照應的地方。又《錐指》四二下所說：

> 先是，都水監丞田櫟言黃河利害云，前代每遇古堤南決，多經南、北清河分流，南清河北下[040]有枯河數道，河水流其中者長至七八分，北清河乃濟水故道，可容二三分而已，因欲於北岸牆村決河入梁山濼故道，依舊作兩清河分流，未及行而八月河決，竟如其言。蓋是時決勢已成，櫟欲因而利導之，故為此議。

亦似因明昌五年正月田櫟的提議而影響到他的臆定。但我

---

[040] 北下即由北向南，跟前節所指出的宋人文法一樣。

們須知朱子《語錄》的「近來北流」（見前引《錐指》），只是指田櫟所說「今河水趨北，齧長堤而流者十餘處」那一件事，跟明昌五年八月的河決毫無關係。

明昌五年閏十月，參知政事馬琪視察河防後回來奏稱：「孟陽河堤[041]及汴堤已填築補修，水不能犯，汴城自今河勢趨北，來歲春首擬於中道疏決，以解南、北兩岸之危。」我初閱《河渠志》這一段的時候，認為「河勢趨北」，即是說黃河，仍向舊有的北清河流去；及後細味前後文義，始知「北」字是對汴城（開封府）附近而說，「趨北」即「臥北」[042]，馬琪的話，是說汴城附近的黃河，現在水勢偏靠北岸流駛，待到春初水落，再把當中的河床挖深，使河水循著中線流去，南、北兩岸便可比較安穩的意思。跟田櫟「河水趨北」的話（引見前）文面很相近，意義卻迥然不同。也就是說，跟整個黃河之南流或北流並不相關。

再者，《金史》二五「衛州胙城縣」稱：「本隸南京，海陵時割隸滑州，泰和七年（一二○七年）復隸南京，八年，以限河來屬。」胙城今延津縣北（或作東）三十五里。又《金史》

---

[041]　《河渠志》：「其孟華等四掃，與孟陽堤道沿汴河東岸但可施工者，即悉力修護。」孟華四掃在東明附近，屬曹甸都巡河官管轄，依這來推測，孟陽堤當近汴河東岸。

[042]　《河渠紀聞》屢見「河勢北徙」、「河勢南徙」的話頭，就是說「河溜偏北」、「河溜偏南」。

二六「開州長垣縣」稱：「本隸南京，泰和八年，以限河不便來屬。」限河的意義，就是說胙城、長垣兩縣已撇在河北，不便再歸黃河南邊的南京來管轄。這都是明昌五年（一一九四年）以後的事，可見得黃河正流，在明昌五年後，已徙出胙城、長垣的南邊。[043] 又《金史》二五稱，歸德府楚丘縣，「國初隸曹州，海陵後來屬，興定元年以限河不便，改隸單州」，又單州碭山縣，「興定元年以限河不便，改隸歸德府」。楚丘今曹縣東南，單州今單縣，碭山今碭山縣東。限河的意義，就是曹縣的東南已撇在黃河的北邊，所以劃歸單州管轄。碭山撇在黃河的南邊，所以劃歸歸德管轄。從這兩條史料，又見得明昌五年以後，黃河通過曹縣的南邊，碭山的北邊。

再看《河渠志》，貞佑四年（一二一六年），「延州刺史溫撒可喜言，近世河離故道，自衛東南而流，由徐、邳入海，以此河南之地為狹。臣竊見新鄉縣西，河水可決使東北，其南有舊堤，水不能溢，行五十餘里，與清河合」[044]。尚書省宰臣覆奏

---

[043] 《讀史方輿紀要》說，黃河舊在胙城縣北，自新鄉縣流入境，接汲縣界，又東入大名府濬縣境；金時黃河屢決，河在胙城縣南，就是這一時期的事故。又《圖書整合・職方典》四十七胙城縣：「金隸開封，正大間（一二二四—一二三一年）復遭河患，又徙而南二十里宜村渡，改縣為新州。」按依前引田櫟的話，明昌五年河未決之前，宜村在河的南岸，那麼，當時的胙城縣約在河北二十里，比之樓鑰經過時，河已南移五六十里。但明昌五年河決後再向南移，宜村也由南岸變作北岸了。

[044] 這裡的清河是指御河上源的淇水，跟南、北清河的清河不同。

又說：「河流東南，舊矣。」那時候上隔大定八年，差不多五十年，尚書省所以說「舊」；河從衛州的汲、胙南移，約二十年，溫撒可喜所以說「近世」。

現在只有一條最可疑的史料，即是《山東通志》說：「明昌五年河犯武城堤。明年，詔鑿新河，修石岸十四里有奇以塞之。」[045] 按《金史》二六〈地理志〉，恩州有武城縣、武城鎮，即現在的武城縣。《山東通志》收入這一條，顯然認為是山東的武城。但這個武城遠在臨清的東北，不單止我所考證當日的河流趨勢，不會沖到那裡，即使胡渭的考證，也一樣不會沖到那裡。倘若河流沖到「山東的武城」，災區必然很廣，為什麼沒有別的資訊流傳？

我經過一番思索，認為有兩種解釋：

（一）金代滑州白馬縣有武城鎮（《金史》二五），即浚滑都巡河官轄下的武城掃所在（《金史》二七），黃河沖封丘，剩水很容易侵入緊靠北邊的滑縣。

（二）《金鑑》一六三引閻詠《看河紀程》：「金明昌五年，河犯武城堤，泛至金山；明年，詔鑿新河，在今新鄉縣南，復經於胙。」按曹濟都巡河官所轄有定陶、金山等掃（《金史》二七），如果「泛至金山」是指金山掃，則「武城堤」可能是「成

---

[045] 《金鑑》一五。

武堤」的錯字（參看下文第十二節注五六及八〇），因為金代單
州的成武縣恰靠在定陶的東南。

只是，從笮城的角度來看，似乎（一）的「武城掃」更合。
同時，我們也須記取閻詠那本著作不是沒有錯誤的。總之，無
論如何，假使（一）解為合，則事屬河南，《山東通志》犯了絕
對的錯誤；又假使（二）解為合，則事屬成武縣，《山東通志》
也犯了相對的錯誤。

《清一統志》「陳州府」條稱，「金明昌五年河決陽武，由太
康逕州東南至潁州」，不知有什麼根據，也許是一時的氾濫吧。

總結以上的研究，關於明昌五年的河道，我們對《錐指》
的解釋，應作兩項重要修正：

（1）從汲、笮南移，自陽武直流向封丘，出長垣、曹縣之
南，商丘（？）、碭山之北，經豐、沛、蕭面向徐、邳，下游大
致仍和大定十九年以後相同。《明史》八三說：「金明昌中北流
絕，全河皆入淮。」因為北流之絕並不始自明昌，它的話雖然
有點不對，但全河入淮是真，可見胡氏認為東注梁山濼，分流
入北清河，絕對未獲得絲毫可靠的信據。在黃河史裡面，像遠
離汲、笮同樣的變遷，數不勝數，明昌五年那一次河決，實不
能說是大變；所因早在大定二十年（一一八〇年），宋代的「北
流」已經斷絕，大定中也淹沒了封丘（見前引《元史》五九，

也許即二十年決延津時所波及），明昌五年的河決，不過黃河中段逐漸南移之一個過程，採取較直和較陡的道路（從陽武經汲、胙至曹、單，是較彎較緩的道路）。

（2）黃河離開濬、滑，大致來說，是比離開汲、胙為較早，但從絕對的離開來講，又可說是同時的事。

假如《看水紀程》所說，明昌六年（一一九五年）在新鄉南開了一條新河，因之黃河仍通胙城是當真的話，那麼，明昌五年還不能看作黃河離開胙城的年限。但從黃河整個大勢來看，水已逐漸南行（參看前節注43，正大年間胙城還有河患），這些小點可不必再行討論。現在我們根據前項的修正，便見得《錐指》四〇下所說「自仁宗慶曆八年戊子，下逮金章宗明昌五年甲寅，實宋光宗之紹熙五年，而河決陽武，出胙城南，南北分流入海，凡一百四十六歲」[046]，並未詳細分析各種史料，那是胡氏一個大大的疏漏。

己、黃河以何時改道由渦入淮

興定元年（一二一七年）黃河走在碭山之北（見前文），已是無可置疑的事實，再到金人亡國（一二三四年），不過十七年年間，這樣短的時間之中，黃河在虞城、碭山的地面，又發生

---

[046] 《續行水金鑑》三。

過一回小改道。

　　據《元史》五九，「至元二年（一二六五年）以虞城、碭山二縣在枯黃河北，割屬濟寧府」，是枯黃河走在碭山之南。這事發生的時期，據《元史》五八，「碭山，金為水蕩沒，元憲宗七年（一二五七年）始復置縣治，隸東平路，至元二年以戶口稀少，併入單父縣」，又「虞城下，金圮於水，元憲宗二年（一二五二年）始復置縣，隸東平路，至元二年以戶口稀少，併入單父」，應在金末一二一七－一二三四年間，所以元初復置兩縣時，都隸屬於原在河北的東平路。

　　進一步推測，黃河改道從渦入淮，也許是元初至憲宗二年，即一二三五－一二五一年時期的事，《錐指》四〇下說，元代河道「大抵初由渦至懷遠入淮」，似乎沒錯。方氏說：「金之亡也，河自開封北衛州決而入渦河以入淮」（引見前），似乎因溫撒可喜的話（引見前）而發生多少誤會。至葉方恆《全河備考》說，「南渡後，河上流諸郡為金所據，獨受河患；其亡也，始自開封北衛州決而入渦河，南直壽、亳、蒙城、懷遠之間」[047]，不外根據方氏，無須討論。

　　金代的黃河歷史不過短短八九十年，而內中夾著這麼多疑難問題，我批評胡渭，說他隨隨便便，並沒有過分苛責。

---

[047]　《經世文編》九六。

關於金史資料，還有一點應提請讀者注意，以免發生誤會。考金代漕運，如深州的武強，清州的會川，滄州的清池、南皮，景州的東光、將陵，恩州的歷亭、臨清，均置有河倉（《金史》二五及二六），是不是河倉皆在黃河沿岸呢？我們試檢《金史》二七：「凡諸路瀕河的城，則皆置倉以貯傍郡之稅；若恩州之臨清、歷亭，景州之將陵、東光，清州之興濟、會川，獻州及深州之武強，是六州[048]諸縣皆置倉之地也。其通漕之水，舊黃河行滑州、大名、恩州、景州、滄州、會川之境。漳水東北為御河，則通蘇門、獲嘉、新鄉、衛州、浚州、黎陽、衛縣、彰德、磁州、洺州之餽。衡水則經深州，會於滹沱，以來獻州、清州之餉。皆合於信安海壖，沂流而至通州」，便知河倉的「河」是通名，不限定用於黃河。

▌二、金人不是利河南行

金人占領黃河流域的時間很短，所以沒有找出什麼治河之道，除修固堤防之外，大要仍是兼主浚（如《河渠志》，大定九年，「宗室宗敘言，大河所以決溢者，以河道積淤，不能受水故也」）和分水（梁肅主張兩河分流，前文已引過。高霖說，

---

[048] 依文只得五州，拿來跟《地理志》相比，實漏去滄州的清池、南皮，但《地理志》獻州及興濟也漏注河倉，必兩志合觀而後其備。

河流有曲折，適逢隘狹，故致湍決，請開雞爪河以殺其勢。見
《金史》一〇四本傳。又田櫟主張分為四道，亦見《河渠志》）。
唯胡渭說金以宋為壑，利河之南，而不欲其北。[049]孫嘉淦：「南
渡以後，河遂南徙，史不言其故，大約金人塞北流以病宋，
可想而知也。」[050]鄭肇經也說：「及金人克宋（一一二六年），
利河南行，遂開南徙奪淮之新局」[051]，且以「金元利河南行」
為標目，[052]這種言論，似乎先抱著狹隘民族主義的成見。梁
肅說：「如遇漲溢，南決則害於南京，北決則山東、河北皆被
其害，不若李固南築堤以防決溢為便。」如果以黃河南徙為有
利，何必在李固的南邊來築堤？大定十二年，「檢視官言，水
東南行，其勢甚大，可自河陰廣武山循河而東，至原武、陽
武、東明等縣，孟、衛等州，增築堤岸」。廣武山和金代當日
的原武、東明兩縣，都在黃河之南岸，如果以南徙為有利，何
必在那一帶地方來築堤？大定二十年檢視官言，「河水……勢
益南行……乃自衛州掃下接歸德府，南、北兩岸增築堤以捍其
湍怒」[053]，如果以南徙為有利，那所謂正中下懷，豈不是聽任
其南行便了，何必多做築堤的工作？事實是這樣的彰著，還說

---

[049]　《錐指》四〇下。
[050]　《經世文編》九六。
[051]　《水利史》二六頁。
[052]　同上二九頁。
[053]　以上均見〈河渠志〉。

「利河南行」，簡直沒有細讀《金史》的〈河渠志〉了。胡氏也曾說過：「河一過大伾而東，不決則已，決則東南注於淮。」[054]為什麼鄭氏還以為開南徙奪淮之新局？讓一步說，金人確以宋為壑，然而早在建炎二年（一一二八年），杜充已決河自泗入淮（參前文），那倒要埋怨宋人以自國為壑，朱熹一再迷信黃河流向哪一方，便於哪一方有利，不流向哪一方，便於哪一方不利（都已引在前文）；金人想必也有抱同樣見解的，他們又果贊同把有利的條件推向敵方去嗎？

最後，關於金代河防的行政，也不可忽略。他們每掃設散巡河官一員；沿河上下又分為數段，每段設都巡河官一員，總領掃兵萬二千人，大概是模仿北宋制度而稍加改革（世宗說：「朕聞亡宋河防一步置一人」）。金世宗說，「朕每念百姓凡有差調，吏互為奸，若不早計，而迫期徵斂，則民增十倍之費；然其所徵之物，或委積經年，至腐朽不可複用，使吾民數十萬之財，皆為棄物，此害非細」，早已洞見歷來河務浪費的積弊。又大定二十九年曹州的河決，章宗責成河務官員的報告延誤。同年十二月，「工部言營築河堤用工六百八萬餘，就用掃兵、軍夫外，有四百三十餘萬工當用民夫；遂詔命去役所五百里州府差顧，於不差夫之地均徵顧錢，驗物力科之，每工錢百五十

---

[054] 《錐指》四〇下。

文外，日支官錢五十文，米升半」。[055] 劉璣稱：「河堤種柳，可省每歲堤防之費。」[056] 又高霖說：「凡捲掃工物皆取於民，大為時病，乞並河堤廣樹榆柳，數年後河岸既固，掃材亦便，民力漸省。」[057] 這都值得借鑑或取法的。

　　黃河在金人統轄下僅過一百年，缺頁占了四十年，因之疑問很多，但從零碎史料細加分析也可得到多少近於事實的結論。

　　一一六六年和一一六八年兩年河決的結果，一支由陽武經東明、定陶、壽張轉入大清河出海；一支仍循「北流」故道，但於胙城、滑州的中間，又分支沖出曹、單會泗入淮。約一一八〇年，「北流」及大清河的分流同時斷絕，梁山泊也從此乾涸了。在有史時期，這是以一淮受全黃之水的第一次，前人所說，都屬錯誤。一一九四年即明昌五年的河決，不過黃河中間一小段逐漸南移，配不上稱作「大變」。

　　從胡渭以後，學者往往說金人利河南行，其實並沒有那一回事。

---

[055]　以上均見《金史‧河渠志》。

[056]　《金史》九七〈劉璣傳〉。

[057]　同上一〇四〈高霖傳〉。

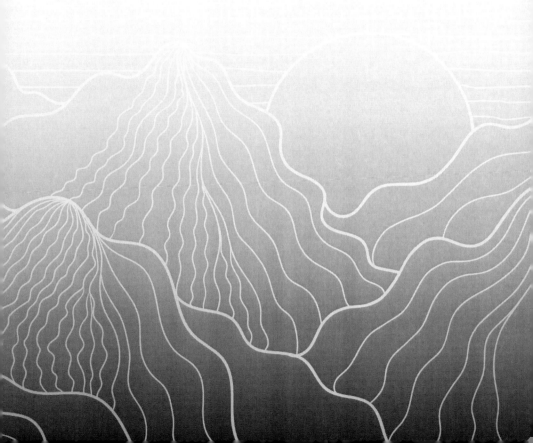

第十二節
元代治河的概略

▍ 一、怎樣編制河事簡表

自宋南渡（建炎元年，一一二七年）起，中間隔了二十餘年（天德二年，一一五〇年），金人才略有關於河防的紀載；後到金代滅亡（天興三年，一二三四年），蒙古逐漸向南方展開侵略。蒙古人那時候的文化水準，更較金人為低，他們自己沒有正式文字，所以中間又差不多再空開了四十年，我們幾乎無法得到黃河的資訊（參下文），可真是歷史重演的怪現象了。《錐指》四〇下：

元至元九年，河決新鄉縣廣盈倉岸，時河猶在新鄉、陽武間也。不知何年，徙出陽武縣南，[058] 而新鄉之流遂絕。據史，至元二十三年河決，衝突河南郡縣凡十五處。二十五年，汴梁路陽武等縣河決二十二所，水道一變，蓋在此時矣。《元大一統誌》殘缺，僅存十之一二，河之所經，不可得詳。

又說：

大抵初由渦至懷遠入淮，如明正統十三年決河所行之道。後三十餘歲為泰定元年，始行汴渠，至徐城東北，合泗入淮。

按《元史》六五〈河渠志〉記黃河事，始於世祖至元九年

---

[058] 《宋史》四五二〈蔣興祖傳〉：「知開封陽武縣，武，古博浪沙地，大河薄其南。」事在徽宗時，那時候黃河尚未移至陽武之南，它的真意，大約是指黃河從西南方面向陽武流來，讀者不要以文害辭。

（一二七二年）；〈河渠志〉的底本，無疑是脫胎於已佚之《經世大典》，這一本書是元至順二年（一三三一年）時官修，大約至元以前的事，他們當日也沒法追溯了。站在文獻缺乏、無可補救的場合，我們現在只可盡量蒐羅所知，作成簡表，以供參考，並無其他更好的方法。

　　未寫這項簡表之前，對於史料的抉擇，我還得宣告一句。比如，《元史》五〇〈五行志〉所記，至元「九年九月，南陽、懷、孟、衛輝、順天等郡，洛、磁、泰安、通、灤等州淫雨，河水並溢」。又二十年六月，「南陽府唐、鄧、裕、嵩四州河水溢」。就中衛輝路新鄉縣河決，雖見於〈河渠志〉「黃河」條下（說是七月的事），但南陽一帶，並非黃河流域，可見得這兩條史料所用的「河」字是通名，即北方有水便是河的「河」，不定專指黃河（參第十一節所引《金史・地理志》的「河倉」字）。因此，《圖書整合・山川典》二三三，黃河項下所引《續文獻通考》，「至元二十一年，大名府水」，又「二十二年秋，南京、彰德、大名、河間、順德、濟南等路河水溢」[059]，這類資料，是性質可疑或極其混雜的，如果要逐條加以分析，哪處地方是指黃河，哪處地方不屬黃河，工作固然極之困難，而且很容易發生偏差或錯誤。所以關於這種類似性質的材料，我寧願割愛。

---

[059]　這一節原見《元史》五〇〈五行志〉。

其他只稱河溢，而與河道研究無大關係的，也因為節省篇幅，不復採入。下面所列的簡表，就是根據這兩個原則來編成的。

年分	河務	備考
元太宗六年（宋端平元年，一二三四年）	趙葵入汴，蒙軍決祥符縣北寸金澱水灌之。[060]	
世祖至元九年（一二七二年）	新鄉縣廣盈倉南河北岸決。[061]	
至元二十三年（一二八六年）	十月，河決開封、祥符、陳留、杞、太康、通許、鄢陵、扶溝、洧川、尉氏、陽武、延津、中牟、原武、睦州[062]十五處。[063]	
至元二十五年（一二八八年）	五月，河決襄邑。河決汴梁之太康、通許、杞三縣，陳、潁二州皆被害。[064]	

---

[060]　《錐指》四〇下。澱在開封城北二十里（《黃河年表》六九頁）。

[061]　《元史》六五〈河渠志〉。

[062]　見本睦州乃睢州之誤；《行水金鑑》一六引作睢州。

[063]　《元史》一四。

[064]　《元史》六五稱：「汴梁路陽武縣諸處河決二十二所。」

年分	河務	備考
至元二十五年 （一二八八年）	六月，睢陽河溢。 考城、陳留、通許、杞、太康五縣河溢。[065]	
至元二十七年 （一二九〇年）	六月，河溢太康。 十一月，河決祥符義唐灣。	太康、通許、陳、潁二州大被其患。[066]
成宗元貞二年 （一二九六年）	九月，河決杞、封丘、祥符、寧陵、襄邑五縣。[067] 十月，河決開封縣。[068]	
大德元年 （一二九七年）	三月，歸德、徐州，邳州宿遷、睢寧、鹿邑三縣，河南許州臨潁、郾城等縣，睢州襄邑、太康、扶溝、陳留、開封、杞等縣河水大溢。[069]	

[065] 本年事都見《元史》一五。

[066] 同上一六。張了且文有「至元三年（一二六六年）河決義塘灣，通許被害」一條，趙世暹以為似至元二十七年事，是也。

[067] 同上一九。

[068] 同前〈五行志〉。

[069] 據同上〈五行志〉原文。考《元史》五九〈地理志〉，邳州領下邳、宿遷、睢寧三縣，鹿邑則屬亳州，其地去邳州很遠，不會移歸邳州管轄，《元史》此處顯有錯誤，現在姑照原文列表。張了且文有「至元元年（一二六四年）春三月，黃河水大溢，漂沒睢柘、鹿各縣」一條，趙世暹以為可能是大德元年事。按柘城屬睢州，〈五行志〉雖未找出，但其北邊的襄邑（今葵丘）和南邊的鹿邑都有河溢，被夾在中間的柘城很難倖免，而且同是元年三月，其為修志的把「大德」錯作

年分	河務	備考
大德元年 （一二九七年）	五月，河決汴梁。 七月，河決杞縣蒲口。[070]	
大德二年 （一二九八年）	六月，河決蒲口凡九十六所。	泛溢汴梁、歸德二郡。[071]
大德八年 （一三〇四年）	正月，自滎澤至睢州築河防十八所。 五月，汴梁之祥符、太康，衛輝之獲嘉，太原[072]之陽武河溢。[073]	是年河決落黎堤。[074]
大德九年 （一三〇五年）	六月，汴梁武陽縣[075]思齊口河決。[076]	

「至元」，當無可疑。

[070]　《元史》一九。

[071]　同前〈五行志〉。

[072]　太原無陽武縣，而且隔黃河很遠，陽武屬汴梁路，大約因本紀前文有「太原之陽曲」而誤的。

[073]　《元史》二一。

[074]　此條見《元史》一三四〈也先不花傳〉，應即下文泰定三年之樂利堤。

[075]　武陽是「陽武」的倒置，《金鑑》一六引作陽武。

[076]　同前〈五行志〉。本文之下，有「東昌博平、堂邑二縣雨水」一句，《東昌府志》誤將上文連讀，因有「大德九年六月，河決博平、堂邑二縣」的誤記（據《圖書整合・山川典》二三三引），應刪掉。

年分	河務	備考
大德九年 （一三〇五年）	八月，歸德府寧陵、陳留、通許、扶溝、太康、杞縣河溢。[077]	開董盆口，分入巴河以殺其勢。[078]
武宗至大二年 （一三〇九年）	七月，河決歸德府境，又決封丘。[079]	
仁宗皇慶元年 （一三一二年）	五月，睢陽河溢。[080]	
皇慶二年 （一三一三年）	六月，河決陳、亳、睢三州，開封陳留等縣。[081]	
延祐二年 （一三一五年）	六月，河決鄭州，壞氾水縣治。[082]	

[077] 《元史》六五。《河南通志》（《整合》引）及《明史》八三稱，洪武中（據《實錄》是十七年八月事）河決杞縣入巴河。《明史》八三稱，巴河分水處在開封大黃寺。乾隆三十二年修《續河南通志》七：「巴水在杞縣，源出覃懷，自儀封南八里，逕縣北烏圖巴河崖北辰寨，入睢州之黑陽，逕考城，下通徐州洪，今涸，流逕境內僅二十餘里或日，此亦黃河之支流也。」巴水就是《元史》的巴河。《金鑑》六一引《看河紀程》，巴河在商丘北二十里，今名菓河：睢河在商丘北一里。此外尚有同名的巴河在永城，光緒二十九年修《永城志》二：「巴河在縣北一里，本黃河支流，西接夏邑，東入於宿……至睢溪口合睢河。」《武昌圖》稱為巴溝河，不要誤混。董盆口在祥符，見《明史》八三。

[078] 同前〈五行志〉。

[079] 《元史》二三。

[080] 均同前〈五行志〉。

[081] 均同前〈五行志〉。

[082] 同上。《淮系年表》七：「延祐元年六月，河決鄭州。」又「延祐二年六月，河決鄭州，壞氾水縣治」。張了且文只稱，「延祐元年（一三一四年）六月，河決

年分	河務	備考
延祐三年 （一三一六年）	四月，潁州泰和縣河溢。[083] 六月，河決汴梁。[084]	
延祐七年 （一三二〇年）	六月，河決滎澤塔海莊，又決開封縣之蘇村及七里寺。[085] 是歲，河決原武，浸灌諸縣。[086]	
英宗至治二年 （一三二二年）	正月，儀封縣河溢。[087]	
泰定帝泰帝元年 （一三二四年）	七月，曹州楚邱縣、開封濮陽縣[088] 河溢。[089]	

鄭州，圮汜水縣治」，沒記二年的事。參合比勘，知某些志書誤把「二年」寫作「元年」，所以武、張兩家都錯。武氏更復出一事為兩事。《黃河年表》又說元年事見《元史》本紀（七二頁），但本紀並未之見。

[083]　同前〈五行志〉。
[084]　《元史》二五。
[085]　同上六五。
[086]　同上二七。
[087]　同上二八。
[088]　解說見後。
[089]　同前〈五行志〉。張了且記作「泰定元年（一三二四年）五月，河溢汴梁樂利堤」。三年下卻沒記出，相信是把三年十月的事誤作元年五月。後檢《黃河年表》，則兩年都記著，且都說發丁夫六萬四千往修堤。元年事本自《河南志》（七三頁），由是知《通志》實創其誤，張文及《年表》沒有細核，故把它相承下來。

年分	河務	備考
泰定帝泰帝元年 （一三二四年）	黃河決大清口，從三汊河東南小清河合於淮，自此黃河南入於淮。[090]	
泰定二年 （一三二五年）	三月，修曹州濟陰縣河堤。 五月，汴梁路十五縣河溢。 七月，睢州河決。 八月，衛輝路汲縣河溢。[091]	
泰定三年 （一三二六年）	二月，歸德府屬縣河決。 七月，河決鄭州陽武縣。 十月，河溢汴梁路，樂利堤壞。[092] 十二月，[093] 亳州河溢。[094]	

[090] 據《圖書整合・山川典》二三引《淮安府志》，說見後文。乾隆四十三年，薩載說：「明弘治六年，河全南行。正德四年，河決曹縣，注豐、沛，經邳、宿，自桃源三義鎮入口，繞清河會縣治後會淮，是在陶莊迆北。嘉靖初，三義口塞，河流南徙，出清河舊治前，與淮水會小清口，即今清口，是在陶莊以南。」（《乾隆東華錄》三三）以黃、淮會小清口為明嘉靖初事，又與《淮安府志》不符，參下節注 178。複次，《淮系年表》七既列「河決毀清河縣城」於泰定初，又列河決入小清口於泰定元年。按清河縣治即在大清口，武氏顯將一事誤復為兩事。

[091] 均見《元史》二九。

[092] 即前文大德八年之落黎堤。乾隆三十二年修《續河南通志》七：「樂利堤在（開封）府城水門外正西。」

[093] 這是十二月的事，《元史》漏卻「十二月」三字，現在替它補上：《金鑑》一六引作十二月。

[094] 均見《元史》三○。

年分	河務	備考
泰定四年 （一三二七年）	五月，睢州河溢。 六月，汴梁路河決。 八月，汴梁路扶溝、蘭陽二縣河溢。^[095]虞城縣河溢。 十二月，夏邑縣河溢。^[096]	
致和元年 （一三二八年）	三月，河決碭山、虞城二縣。^[097]	
文宗天曆二年 （一三二九年）	開、滑諸州河溢。^[098]	
至順元年 （一三三〇年）	六月，河決大名路東明、長垣二縣。^[099] 同月，曹州濟陰縣河決。^[100]	
至順三年 （一三三二年）	五月，汴梁之睢州、陳州，開封之蘭陽、封丘諸縣河溢。^[101] 十月，楚丘縣河堤壞。^[102]	

[095]　同上。
[096]　同前〈五行志〉。
[097]　同前〈五行志〉。
[098]　同前《圖書整合》引《續文獻通考》。
[099]　同前〈五行志〉。
[100]　《元史》六五。
[101]　同上三六。
[102]　同上三七。

年分	河務	備考
順帝元統元年 （一三三三年）	五月，陽武縣河溢 六月，黃河大溢。[103]	
元統二年 （一二三四年）	九月，河決濟陰。[104]	
至元元年 （一三三五年）	河決汴梁封丘縣。[105]	
至元二年 （一三三六年）	五月，黃河復於故道。[106]	
至元三年 （一三三七年）	七月，汴梁蘭陽、尉氏二縣，歸 德府皆河溢。[107]	
至元四年 （一三三八年）	河決山東、河南、徐州等十五州 縣。[108]	
至元五年 （一三三九年）	河決濟陰。[109]	

[103] 同上五一〈五行志〉。張了且既稱至順「四年（一三三三年）六月，黃河大溢，
　　　河南水災」，又稱元統元年（一三三三年）「六月，黃河大溢，河南水災」，也是
　　　把一事復作兩事，因為至順四年即元統元年。

[104] 同前《圖書整合》引《續文獻通考》。

[105] 《元史》五一。

[106] 同上三九。

[107] 同上五一。

[108] 均同前《圖書整合》引《淮安府志》。

[109] 均同前《圖書整合》引《淮安府志》。

年分	河務	備考
至正二年 （一三四二年）	九月，歸德府睢陽縣河患。[110]	
至正三年 （一三四三年）	五月，河決白茅口。[111]	
至正四年 （一三四四年）	正月，河決曹州，又決汴梁。 五月，河決白茅堤、金堤，曹、濮、濟、兗皆被災。[112] 六月，河又北決金堤，並河郡邑濟寧、單州、虞城、碭山、金鄉、魚臺、豐、沛、定陶、楚丘、武城以至曹州、東明、鉅野、鄆城、嘉祥、汶上、任城等處，皆罹水患。[113]	

---

[110]　《元史》四〇。

[111]　同上四一。

[112]　《元史》四一。上年決白茅口，本年決白茅堤，極像是一塊地方。《淮系年表》七稱「曹州白茅口」，相當可信（參下注85）。張了且文卻稱「北決滎澤境之白茅堤」，隔離太遠，或因代曹州府有菏澤而訛作滎澤的。

[113]　《元史》六六作至正四年，《賈魯傳》同，唯《續文獻通考》作三年，疑是錯誤。又元代的武城縣現尚同名，在臨清的東北，跟其他被災各縣，相隔甚遠，河水斷不會沖到那裡。考元代有成武縣，正屬曹州（今名城武），在定陶之東北，鉅野、金鄉之西南，恰當洪水之沖，大抵先訛「成」為「城」，因再倒作「武城」。這個名稱很易發生錯誤，可參看前文第十一節一項戊及本文注80。

年分	河務	備考
至正五年 （一三四五年）	七月，河決濟陰。[114]	
至正八年 （一三四八年）	正月，河決，陷濟寧路。[115]	
至正十一年 （一三五一年）	四月，詔賈魯開黃河故道，自黃陵岡南達白茅，放於黃固、哈只等口；又自黃陵西至楊青村，合於故道。 七月，開河功成，乃議塞決河。 十一月，黃河堤成。[116] 七月，河決歸德府永城縣，壞黃陵岡岸。[117]	
至正十四年 （一三五四年）	河溢金鄉、魚臺。[118]	
至正十六年 （一三五六年）	八月，河決鄭州河陰縣，官署、民居盡廢，遂成中流。[119]	

[114] 《元史》四一。
[115] 同上五一。
[116] 同上四二。但《河渠志》作「南白茅」，「南達白茅」句不知是否錯誤？
[117] 同上五一。但黃陵岡在曹縣西南六十里（據《錐指》四〇下），與永城縣相隔頗遠，不知是否相關？
[118] 《元史》一九八《史彥斌傳》。
[119] 均《元史》五一。

年分	河務	備考
至正十九年 （一三五九年）	九月，濟州任城縣河決。[120]	
至正二十二年 （一三六三年）	七月，河決范陽縣。[121]	
至正二十三年 （一三六三年）	七月，河決東平壽張縣。[122]	
至正二十五年 （一三六五年）	七月，東平須城、東阿、平陰三縣河決小流口，達於清河。[123]	
至正二十六年 （一三六六年）	二月，河北徙，上自東明、曹、濮，下及濟寧，皆被其害。[124] 八月，濟寧路黃河溢。[125]	

　　既然製成一個河事編年表，我們就應該拿來分析一下，看看對於元代各時期的黃河經流，能否尋出一些線索，又前人的考證有沒有可信度。

---

[120]　均《元史》五一。

[121]　《元史》四六。「陽」字誤衍，元代的範縣屬濮州。

[122]　同上五一。

[123]　同上。《元史》四六記在七月下。據宣統元年修《濮州志》一：「小流河自直隸東明縣匯入菏澤縣和家莊，入州界……至劉家橋，與瓠子河會。……（在州東南五十里）」到了蕩縣，小流、瓠子、洪、魏四河合流，就叫做清河。又據《治河論叢》，瓠子自濮陽縣南流入濮縣南，魏水自濮陽流入濮縣南，洪河自濮陽流入濮縣南（一七二頁）。

[124]　《元史》五一。

[125]　同前《圖書整合》引《山東通志》。

▌ 二、元代河道的變遷

甲、黃河人渦兼入穎

　　黃河從渦河至懷遠入淮，方氏以為是金末的事情，跟胡渭記入元代的說法略有不同（見前節一項乙及己）。胡氏憑什麼得到這個結論，沒有提及，是否根據《元史·地理志》（見下文），我們很難捉摸。我在前節（一項己）已經提出，黃河改道由渦入淮，可能在元太宗七年至憲宗二年（一二三五－一二五一年）那個時期。拿崇禎末年河決開封入渦那一回事來作比較，可能就是太宗六年蒙古人決灌趙葵軍的結果。從書本上看，黃河自有記載可考以來，單循渦入淮的以此為第一次（《古今治河圖說》把它放在至元二十三年，並未立證）。不過從事實上來觀察，當日似乎更分流入穎，試觀前表，至元二十五和二十七年陳、穎兩州都受河患，又延祐三年河溢太和，尤是河水侵穎的實證。胡渭雖說過元代大抵初由渦入淮，但他卻沒有看作一回變局，這是很奇怪的。

　　再者，據《水經注》二三，渦水是經扶溝（今同名）、安平（未詳，依前後兩縣來推勘，應在今太康附近）、武平（今鹿邑西四十里）、苦（今鹿邑東十里）、相（未詳，[126] 應在今鹿邑及

---

[126]　據《地理今釋》，北魏有三個縣同名「相」，這個相縣似屬潁川郡，「在安徽境」。

亳的中間）、譙（今亳縣）、城父（今亳東南七十九里）、山桑
（今蒙城北三十里）、渦陽（今蒙城）、龍亢（今懷遠西北七十五
里）各縣而入淮，跟現代的渦河流域沒有什麼差異。《元史》
五九〈地理志〉「汴梁路杞縣」注：「元初河決，城之北面為水
所圮，遂為大河之道，乃於故城北二里河水北岸築新城置縣。
繼又修故城，號南杞縣。蓋黃河至此分為三。其大河流於二城
之間，其一流於新城之北郭睢河中，其一在故城之南東流，俗
稱三叉口。」又《元史》六五〈河渠志〉，至大三年（一三一〇
年），河北河南道廉訪司奏：「東至杞縣三汊口，播河為三，
分殺其勢，蓋亦有年。往歲歸德、太康建言，相次湮塞南北二
汊，遂使三河之水，合而為一。」杞縣恰在太康的西北，依〈河
渠志〉所載，三汊的最南一叉，應是經過太康的。流入睢河的
則是北叉，據《明史》八三，「浚睢河，自歸德（城南）飲馬池
經符離橋，至宿遷以會漕河」，所以其下流達於歸德。換句話
說，杞縣的三叉當中，歸德的北叉和太康的南叉在至大三年以
前早就塞掉。

　　河決杞縣分作三叉是元初哪一年，《地理志》沒有說明。由
前頭的表來看，至元二十三年河決十五處，汴梁路所領十七縣
當中，占了十四處，杞縣也是其中之一。隔了一年河又決襄邑
（今睢縣西一里）、太康和杞縣，跟著杞縣又有河溢（《元史》
一六七〈張庭珍傳〉，「河決，灌太康，漂溺千里」，是同時的

事）。又一七〇〈尚文傳〉載大德元年他的防河提議，曾說，「陳留抵睢，東西百有餘里，南岸舊河口十一，已塞者二，自涸者六，通川者三」，那麼多南岸決口，必是至元和至元前河決的遺跡無疑。

張了且在他的文內曾引過方誌一條說：「元太宗六年（一二三四年），河決於杞，遂分為三，俗名三叉河。中流循城之北而東且南，即今之縣治後是也。北流決汴北堤而且東，即今俗稱沙河是也。南流循城西而且南，其跡半隱半堙，不復可識。」[127] 有人根據〈尚文傳〉和至大三年廉訪司的話（見前引），認為可能是大德年間事的錯編，我覺得我們對這條史料的價值，須多考慮一下，不能遽然加以否定。首先，尚文的建議在大德元年，那時候杞縣一帶已是百孔千瘡；其次，廉訪司的奏上去大德元年不過十二三年，已說「播河為三……蓋亦有年，往歲歸德、太康建言，相次湮塞南北二汊」，把這件事排在大德是很難說得通的。唯黃河如果從開封東南奪渦，杞縣正是必經地點，奪渦可能由於太宗六年決河所致。我初作這一假定時還未讀到張氏的引文，而張氏的引文何以說太宗六年河決於杞，怕也是決河向東南分流的結果。由於這樣的巧合，我很相信元初黃河奪渦入淮這一大變局，是從太宗六年為始，所以

---

[127]　同前引〈禹貢〉四卷，但張氏沒有註明出處。

至元二十三年受河患的地方大半在渦河流域。《黃河年表》對至元二十二年河決的看法，亦曾提出過「陳留、杞等縣原不濱河，今既言決，疑是在此以前，早有分支由古汴渠出徐州合泗入淮」，可是它沒有注意到胡渭由渦入淮的揭示。新鄉緊靠陽武，〈河渠志〉明記至元九年河決新鄉廣盈倉南河北岸，則那時河流無疑仍經過新鄉境內。

然而黃河奪渦究由什麼地方轉向東南呢？據《元史》九三〈食貨志〉稱：「初伯顏平江南時……運糧則自浙西涉江入淮，由黃河逆水至中灤旱站，陸運至淇門，入御河以達於京。」這是一二七六年（至元十三年）以後一個很短時期的運道。西山榮久解釋為：「該地糧米，由隋之江南運河及其他水路而達揚子江，再由隋之邗溝入淮河，溯唐宋之汴河，更進於黃河，由此逆航而達中灤。」[128] 溯汴一句顯然是錯的，那時候汴河早已斷塞，黃河又奪渦入淮，浙西等米船應是從渦口逆上黃河，到中灤而著陸的。由此，我們可以推想，黃河當時之奪渦，是由中灤附近折向東南而走。

胡渭又說：「蓋自金明昌甲寅之徙，河水大半入淮，而北清河之流猶未絕也。下逮元世祖至元二十六年會通河成，於是

---

[128] 〈禹貢〉七卷十期二六頁。永樂九年張信稱，祥符縣魚王口至中灤下二十餘里有舊黃河一道（見下節）。《小谷口薈蕞》稱，封丘西南有中灤城，其西為大王廟口（《金鑑》五六）。又據《清一統志》一五八，中灤城在封丘西南三十五里，明洪武中嘗設驛及巡司。

始以一淮受全河之水。」[129] 這些話也是不對的。明昌五年的河決沒有灌入北清河，我在前節一項戊下已加以辨明。《元史》六四記開濬會通河的工程非常詳細，但只說，「至元二十六年，壽張縣尹韓仲暉、太史院令史邊源相繼建言，開河置閘，引汶水達舟於御河」，完全沒有涉及黃河，又是一個反證。《明史》八三：「金明昌中北流絕，全河皆入淮。」它說來比胡渭切實一些，那麼，以一淮受全河實始於金（參前節），不是至元二十六年。所不同的，金時河是經開封北面東向徐、邳而入淮，元時是繞出開封南面經渦、潁、睢等河而入淮，黃河和淮水的交會點不同，對於淮水的通流，當然是影響很大的。

《淮安府志》說：「泰定元年，黃河決大清口，從三汊河東南小清河合於淮，自此黃河南入於淮。」這段史料，《元史》完全沒載。唯《錐指》四〇下有過「元初，黃河由渦入淮，至泰定元年由汴河決入清河，自是遂為大河之經流」的話，跟《淮安府志》不一樣。《錐指》又引顧祖禹說，清河「縣西三十里有三汊河口，泗水至此，分為大小二清河；大清河經縣治東北入淮，俗稱老黃河，今堙。其小清河於縣治西南入淮，即今之清口也」（可參看《利病書》二七，清河縣的大清河、小清河）。首先要辨明的，「三汊」是很通俗的名稱，凡遇著三水匯流或

---

[129] 《錐指》四〇下。《水利史》於至元二十五年著「自是全河奪淮矣」一句，是承《錐指》而誤。

分流，便可有這個稱謂，府治的三汊河屬於泗水，在清河縣附近，跟《元史‧河渠志》的三汊口（在杞縣）完全無關。那麼，從大清口決入小清河，不過清河縣城外圍的小小改變，並不是黃河重要的改道（參前注33）。其次，《府志》所稱「黃河決大清口」，是從哪一方面決來的呢？胡渭比《府志》加上「由汴河」三字，不曉得他有什麼根據，照我看，好像是他誤解舊文而從臆想得來的。他以為泰定元年始由汴河決入清河，完全跟事實不符（見下丙），泰定元年萬不能看作黃河始行汴渠的年分。至《府志》「自此黃河南入於淮」一句，最易令人誤會。我們須知泰定之前，甚而金代，黃河早已奪淮而且「由渦入淮」（見前引《錐指》），此之由汴入淮，所奪的路線更長。《水利史》說：「至是（泰定元年），河果南行，演成黃河奪淮之局。」[130] 簡直是輕重倒置，令讀者莫名其妙。

乙、黃河侵汴的過程

要探究黃河侵汴的時代，就先須把《金》、《元》兩史來對勘一下。金設黃汴都巡河官於河陰（見前節），寧陵縣「大定二十二年，徙於汴河堤南古城」（《金史》二五），又二十七年提舉河防的州縣，有許多屬於汴河流域（見前節），知汴河上游在金代總未算全斷。獨元代〈河渠志〉不復著「汴河」的分

---

[130] 《水利史》三二頁。

目，又知汴河到元時已被黃河侵占，即如陳橋鋪一地，舊日在古汴河邊緣，北去黃河五十餘里（參十三節上注 21），現在則陳橋鎮已靠黃河的北岸。《淮系年表・水道編》說：「宋南渡後汴漕廢……自是大河直逼廣武山麓，河、汴合一。」末尾那句話是沒錯的。我們更須曉得汴河的流域很長，黃河侵入汴河是分段的，不是整個的，我們要切合事實，就應分段來檢查。《錐指》所說「泰定元年始行汴渠」，不僅年分不對，措詞亦相當含混，好像黃河在同時把整個汴河奪占；實則至元二十三年河決祥符、陳留、杞縣，二十五年決睢陽、陳留、襄邑、杞縣，元貞二年決杞縣、祥符、寧陵、襄邑，汴渠這一段，在至元、元貞間顯然已部分地被黃河所侵入。再追溯上去，樓鑰於乾道五年（一一六九年）十月隨賀正使往金，他的《北行日錄》上說，「三十五里谷熟縣……縣外有虹橋跨汴，甚雄，政和中造，今兩傍築小土牆，且敝損不可行，絕河以入」。又同書下，「（陳留縣）車行六十里至雍丘縣，早飯臨川驛，又六十里，漸行汴河中，宿拱州襄陵驛，城外客旅往來，人家頗多。入城舊有橋，河流既斷，築堤以行」。拱州治襄邑（據《金史》二五，天德三年即一一五一年，已更名睢州，也許樓氏承用舊名），是開封以南的汴河，金代已表現著或通或斷的情況。同時，汴河的下游更形成中斷，如《北行日錄》上：「又六十里宿宿州，循汴而行，至此河益堙塞，幾與岸平，車馬皆由其中，

亦有作屋其上。」又同書下,「又四十五里宿宿州,汴河底多種麥」,均可證。唯光緒《宿州志》稱,「元泰定初,黃河行故汴渠,仍於徐州合泗水至清口入淮,而泗州之汴口遂廢,汴水堙塞」。依前論證,則泗州汴口之廢,早在乾道,下去泰定初年(一三二四年)已約一百六十年。

或者說,隋以前的汴河下游,和隋以後的完全不同(見前第九節),通過宿州的只是隋後的汴河。我們又須知大定八年(一一六八年)至二十年(一一八○年)當中,黃河已自單父、虞城出豐、蕭、沛而下彭城,明昌五年(一一九四年)後更轉出曹縣之南,碭山之北(見前第十一節),曹、碭山、蕭、彭城各縣都是隋以前古汴河經過的地方(見前第九節),然則古汴河的下游,也早在金代已為黃河所行走了。

關於舊日河汴的交點,即汴口,本在河陰縣(今滎澤縣附近,非現在的河陰縣)。據《元史》五一,至正十六年河決「河陰縣,官署、民居盡廢,遂成中流」,受河的汴口,似乎到這個時候已淹沒。[131] 唯陽武一段,則至洪武十五年(一三八二年)河徙出陽武之南,[132] 天順中再徙入原武,始被完全侵占。

---

[131]　《明史》八三,天順七年金景輝奏:「國初黃河在封丘,後徙康王馬頭,去城北三十里。」又洪武「二十四年四月,河水暴溢,決原武黑洋山,東經開封城北五里。」那麼,汴渠在開封城北那一小段或者是洪武末始被黃河侵占,也未可定。

[132]　《元和志》八「陽武縣」:汴渠「西南自滎澤、管城二縣界流入。」可見汴在陽武之南。

《小谷口蕘蕘》所稱，「至元二十七年，汴始淤塞」[133]，跟胡渭的話，同是一樣模糊。[134]

丙、黃河「故道」問題

再者，胡渭疑新鄉流絕在至元末年（引見節首），這也須作補充說明。金末的黃河雖然走向南方，但汲、胙的舊道並沒經過人工堵塞，那行走過千年以上的河道，遇著河水盛漲時，多少會氾濫，這是無疑的。比如，泰定元年河溢濮陽，二年溢汲縣，天曆二年溢開、滑州，如果應用這個理由來解釋，就不會覺得事情複雜。乾隆二十一年修《獲嘉縣誌》二：「黃河舊在縣南四十里，明天順六年，南徙於原武縣界，其地遂淤。」（四十里，《錐指》四〇下引《獲嘉新志》作六十里。《明史‧河渠志》沒有載天順六年河徙原武的事，《水道編》及《年表》八作天順五年）那麼，新鄉的全淤，說不定也與獲嘉同時。因為正統十二年黃河尚決新鄉（見下節）。乾隆十二年修《原武縣誌》五：「元時新鄉雖塞，尚由獲嘉，至明洪武十五年河決陽武，由東南三十里入封丘至考城，自此河出陽武之南，而新鄉、汲縣、胙城之境，皆去河漸遠。」以為洪武十五年河出陽武之

---

[133]　《金鑑》五六。

[134]　康熙四十三年四月，徐潮奏查勘汴河，其故道唯賈魯河，自中牟縣經祥符等縣至江南太和縣達淮，今雖通流，但不甚深廣，應加挑浚。再鄭州之北新莊地方有一支河，可通黃河（《康熙東華錄》一五），這是指廣義的汴河。

南，已離開獲嘉，跟《獲嘉志》的話，又是兩樣。從《原武志》末一句來看，似乎它也不敢斷定河是什麼時候離開新鄉。

　　同樣，元代初期的黃河正流，雖然走向渦水流域，原來向封丘東出的舊道，也不是完全斷絕；你看，至大二年決封丘，泰定元年溢楚丘（今曹縣東南），至順元年決東明、長垣，[135]三年決封丘、楚丘，元統二年決濟陰，後至元[136]二年又決封丘，就屬於這一類的事實。總而言之，上古治河工作還未十分展開，聽任黃河自流，我們能明白後世遷徙的實況，便能了解上古「二渠」（見前第六節）的真義；能了解上古何以有「二渠」，對於後世的分流也就不會疑惑，認識是相資為用的。

　　《元史》三九，後至元二年（一三三六年）五月，有「黃河復於故道」的紀事。康熙十九年《封丘縣誌》一說得好：「譚者輒日覓故道，孰為故道也？」從整個黃河的歷史來看，凡它曾經過的地方，都可稱作故道，它的故道很多，是最近的故道呢？還是以前任一個時期的故道呢？中國歷史上應用這種空泛名辭，容易產生不同的解釋，而令人難以決定。我初讀《元史》時，認為這個「故道」指金末的舊道，後來有點懷疑，放

---

[135]　《錐指》四〇下：「元至元中，河屢決汴梁路，遂出蘭陽、儀封之南，而長垣、東明界中無河矣。」至元是指「前至元」，但看這段記事，則胡氏的話怕未必確。

[136]　元世祖跟順帝都曾用「至元」紀年，所以順帝的至元，常被稱作「後至元」以示區別。

棄了這個想法，最後經過詳細考慮，才又回到原來「金末的故道」的決定。因為，復故道之後七年，即至正三年（一三四三年）六月，河北決金堤，並河郡邑如定陶、單州、虞城、碭山、金鄉、魚臺、楚丘、武城、[137] 東明、豐、沛等都受水害。假使後至元二年的「復於故道」是復走渦河，則前舉那些州縣，不會邊近黃河，正可作為一個強硬的反證。唯是，至正十一年賈魯所復的故道，並不經過豐、沛，那又怎樣解釋呢？我們要詳細回答這個問題，先須把《元史》一七〇〈尚文傳〉細讀一下。當大德元年（一二九七年）河決杞縣的蒲口，朝廷派尚文前往視察，他的回奏說：

今陳留抵睢，東西百有餘里，南岸……岸高於水計六七尺或四五尺，北岸故堤，其水比田高三四尺，或高下等，大概南高於北約八九尺，堤安得不壞，水安得不北也？蒲口今決千有餘步，迅疾東行，得河舊瀆，行二百里至歸德橫堤之下，複合正流。……蒲口不塞，便。

可見河水到大德初年又由渦河改向歸德，但結果是怎樣呢？同傳又說：

---

[137] 武城是成武的誤倒，見前注 56，那麼，成武當日應邊近黃河。又《元史》六五，至順元年濟陰縣報告，有「元與武成、定陶二縣分築魏家道口」的話，元代沒有武成縣，武城縣則屬高唐州，非黃河所經，而且隔濟陰、定陶很遠，故知「武成」也應乙作「成武」。

會河朔郡縣，山東憲部爭言，不塞則河北桑田盡為魚鱉之區，塞之便；帝復從之。明年，蒲口複決，塞河之役，無歲無之，是後水北入，復河故道，竟如文言。

關於此文的意思，孫嘉淦請開減河入大清河疏，就有過一種誤解，他說：「元初河屢北決，輒復堵塞。大德初，決蒲口，廉訪使尚文言相度形勢，南高北下，宜順水性，導之北行，決口勿塞為便；而有司卒塞之，後蒲口復決，水全北流，竟如文言。至正初，河決金堤等處，丞相脫脫用賈魯充河防使，大開黃河故道，水遂安流，賈魯稱善治河，乃導之北行，未嘗令南徙也。明洪武時河決陽武，東過開封，南入於淮，而河之故道遂淤。」[138] 按賈魯治河後（即洪武二十四年以前的河道，見下文），河由開封經徐州會淮，至洪武二十四年河決原武（不是陽武），改由開封經亳入淮，正流不經徐州（見下節）。簡單來說，在洪武前後，河水都是會淮入海，只有經徐州與不經徐州的差異。孫氏乃以為洪武前河水未嘗會淮，這是他出發點的錯誤。出發點既誤，他於是認賈魯導河北行，是導之使離開淮水；更進一步誤認〈尚文傳〉之「北入復河故道」，是流向大清河去，所以他就詳引這一個故事，來作他主張減河入大清的根據。殊不知蒲口地屬杞縣，黃河如經行杞縣，向來沒有見過能

---

[138]　《經世文編》九六。

折東北走入大清河的。就這一點來看，已見得孫氏對於元、明之間的河道，並不清楚。

　　其實，傳文所稱至歸德橫堤外復合正流，就是復合於金末的故道。後來賈魯治河修復「故道」，那「故道」只是大致的，不是整個的。試看他治河的工程，自黃陵岡至哈只口止，計闢生地（即原來無河道的地方）十八里，接入故道十里，其餘劉莊至專固之百〇二里，黃固至哈只口之五十一里，是不是故道，並無明文（參下文。按劉莊至專固，當然不是故道，如果是故道，就應說「南白茅至專固百十二里」，不應分列為兩項了。劉莊至專固不是故道，又不是「生地」，是什麼？那是接合於別的水道），我們切不可拘泥「故道」的字面，認為賈魯河與金末的故道絲毫無異。

丁、元末的黃河北衢

　　同時，河復故道之後，以前開封南面所受的河患，又移向開封東面來。經過賈魯治河，渦河的決口好像已被堵住（參下文），可是黃河的出路，由於歷史的昭示及教訓，一條路是不能容載的。所以這邊一面塞，那邊又一面決。在任城（今濟寧）、範縣、壽張（今東平西南）幾度潰溢之後，到至正二十五年（一三六五年），便沿著須城（今東平）、東阿、平陰那一線，決入小流口以達北清河，《元史》五一所稱「河北徙」，就

是這一回的結果。胡渭的書屢以為明昌五年河水一部分流入
北清河，至會通河成始行斷流（見前文），是完全弄錯的。光
緒五年修《東平州志》三「舊黃河」條：「舊志，州西七十里有
二；……其自河南儀封縣流經曹縣東北，歷定陶、曹州、渾
城、壽張而入州境者，此自金、元至明初故道也。昔時河岸西
南起壽張範城淺，東北至陽穀高吾淺，長五里」，只是大概的
描寫；由金至明，黃河之分入北清河，是間歇的，不是連續
的，其詳細分見前後文。丘浚嘗說：「曩時河水又有所瀦，如
鉅野、梁山泊等處。猶有所分，如屯氏、赤河之類；雖以元人
排河入淮，而東北入海之道，猶微有存者。」（據艾南英《禹
貢圖注》引。《錐指》四〇下也說：「元末河復北徙，自東明、
曹、濮下及濟寧。」可是他沒有注意到至正二十五年的記事）
又《水利史》：「賈魯治河後，終元順之季，雖北流未斷，決溢
時聞。」[139] 都不能找出當日的實在情形，使人看不到賈魯治河
的後果。因為這條流入北清河的北流，是賈魯治河後才新沖開
的，在賈魯著手治河時是沒有的。

---

[139]　《水利史》三五頁。

三、論賈魯治河及治河後黃河所行的水道

靳輔的批評認為他犯了三忌，[140] 那只是手續的問題。胡渭說：「魯為會通所窘，河必不可北，其所復者仍是東南入淮之故道耳。……使魯生漢武之世，則導河入宿胥故瀆，當無所難……生明帝之世，亦必能導河入清河，合漳水至章武入海。」[141] 更是經生家不切實際的幻想，而且會通河在元代也未占重要的地位。

《元史》一八六〈成遵傳〉：至正十年，除工部尚書，「先是，河決白茅，[142] 鄆城、濟寧皆為巨浸，或言當築堤以遏水勢，或言必疏南河故道以殺水勢，而漕運使賈魯言必疏南河，塞北河，使復故道，役不大興，害不能已。廷議莫能決，乃命遵偕大司農禿魯行視河，議其疏塞之方以聞。十一年……（遵）以謂河之故道，不可得復，其議有八」。遵的八條可惜沒有傳下。又一八七賈魯本傳，「至正四年，河決白茅堤，又決金堤。……魯循行河道，考察地形，往複數千里，備得要害，為圖上，進二策：其一，議修築北堤以制橫潰，則用工省。其一，議疏、塞並舉，挽河東行，使復故道，其功數倍。……

---

[140] 《經世文編》九六〈論賈魯治河〉。

[141] 《錐指》四〇下。

[142] 《利病書》三六引《谷山筆塵》，白茅屬曹縣。按《金鑑》三二引《河防一覽》，亦稱白茅集屬曹縣。

九年，魯昌言河必當治，復以前二策進，丞相（脫脫）取其後策」。遵傳的「北河」似指白茅決口（白茅，依《元史》六六，當在黃陵岡附近），不是指金末的汲、胙故道，試看延祐元年廷臣所說：「嘗聞大河自陽武、胙城，由白馬、河間東北入海，歷年既久，遷徙不常。」[143] 可見汲、胙的故道除偶然漲溢之外，平時早已乾涸。賈魯的最失策，我認為還在堙塞北河。疏濬南河，固然是一個辦法，但能夠多留一條出路，像尚文所主張（見前文），更可收到分殺水勢的效果。我對魯下這樣的批評，可無須詳細辯論，單看魯塞北河後不久，黃河仍向北突入清河，南方則洪武十六年（一三八三年）復決杞縣入巴河，二十四年（一三九一年）又決向潁上，經壽州入淮（均見下節），已儘夠證明黃河的水量不是一條南河所能容，必須再找出路了。可是這一點缺陷，歷來批評賈魯的卻沒有考慮。

　　宿胥故瀆地勢高下，是否適合，胡渭似乎沒有聯想到。即使可以的話，而魯所疏鑿不過二百八十里（詳下文），已說「其功數倍」。向章武入海那條路，須通過一二十縣，舊跡早已淹沒，更不知費工多少，元末的政治經濟情況是否能負擔得起？再讓一步說，通了宿胥故瀆，誰又敢保證黃河便安然無事呢？胡謂的設想，只可認為經生家的廢話。

---

[143] 《元史》六五。

賈魯治河，疏、浚、塞三事平列，然疏常兼帶著浚，歸納起來，可說只有兩件，所以魯的奏報也稱「疏、塞並舉」。塞的問題，在古代仍有贊成、不贊成的兩派。漢武帝時瓠子決口，經過二十多年，因梁、楚人民訴苦，才決心塞掉。後到北宋，塞或不塞，更成為當日爭執的焦點。明清以來、治河兼須顧運，差不多都遵守著一條逢決必塞的原則。我們試從事實來觀察，這是應塞、不應塞的問題，而不是必塞、不必塞的問題。比方宋代的商胡，清代的銅瓦廂，新河各已經過二十年，取得有利的條件，如果要恢復故道，不單止花費許多人力、財力及時間，而且花費了之後，能否保證成功，也沒有一定把握，那麼，就不應塞。反之，決口並未沖成新的河形，只是到處氾濫，受災的面積很廣，那就非塞不可了。簡單地說，塞或不塞，要斟酌各個場合的情形。

　　修《元史》的宋濂等人，是親見賈魯修河的。撇去修河的方略不說，單就修河的事來論，《元史》六六所揭，「先是，歲庚寅河南北謠云：石人一隻眼，挑動黃河天下反。……議者往往以為天下之亂，皆由賈魯治河之役，勞民動眾之所致，殊不知元之所以亡者，實基於上下因循，狃於宴安之習……所由來久矣。不此之察，乃獨咎歸於是役，是徒以成敗論事，非通論

也。設賈魯不興是役，天下之亂詎無從而起乎」最為公平。[144]
安樂須從勞動換得來，賈魯的勞民，當然跟秦始、隋煬有點不
同，難道要叫元朝的君臣坐視不理，任百姓日處於水深火熱之
中嗎？何況魯所徵役的民夫，總數不過十五萬（見《元史》六六
及一八七），比之前代動輒數十萬的也很有差別。

歐陽玄「以為司馬遷、班固記河渠、溝洫，僅載治水之
道，不言其方，使後世任斯事者無所考則」[145]，因作《至正河
防記》，卻無愧為經世之文（屬於技術方面的，這裡不詳引），
但關於浚故道的起止地點，他的敘述並不太清楚，所以我趁便
在這裡替他解釋一下。

《記》稱「通長二百八十里百五十四步而強」，這個數目是從

（甲）「始自白茅長百八十二里」；

（乙）「乃浚凹裡減河通長九十八里一百五十四步」。

兩項加合得來。（甲）項的一百八十二里，即：

自黃陵岡至南白茅闢生地十里；

南白茅至劉莊村接入故道十里；

劉莊至專固百有二里二百八十步；

---

[144]　同前引《論賈魯治河》：「《元史》因石人一眼之事，竟坐以亡元之罪則過矣。」
靳輔沒有看清楚《元史》。

[145]　《元史》六六。

專固至黃固[146]墾生地八里；

黃固至哈只口長五十一里八十步。

五項的總數。（乙）項的九十八里一百五十四步，即：

凹裡村缺河口生地長三里四十步；

生地以下舊河身至張贊店長八十二里五十四步；

張贊店至楊青村接入故道，墾生地十有三里六十步。

三項的總數。黃陵岡在儀封、曹兩縣的交界（《金鑑》一六一引《看河紀程》，黃陵岡在儀封縣東北六十里；《錐指》四〇下則作儀封東北五十里，曹縣西南六十里。光緒十年修《曹縣誌》一：「賈魯河繞縣西四十里許，自黃陵岡至楊青村。」按《金史》二五考城縣有黃陵岡，據最近《亞光圖》，則黃陵岡在蘭封境內，那當由於兩縣境互有轉移）。白茅參前文注八五（《曹縣誌》七：「舊老堤自北直隸白茅村起」）。劉莊未詳。專固就是曹州地面的磚固（見《元史》六五。同上《曹縣誌》一：「磚堌在縣南四十里」）。黃固是曹、單兩縣的交界（見下文）。哈只口屬歸德府（《元史》六六；《淮系年表》七疑在虞城）。楊青村，《利病書》說在曹縣。《水利史》說：「其自黃陵岡至哈只口，正引河也。自黃陵岡西凹里村至楊青村，減水河

---

[146] 《明史》八四作黃堌。

也。」[147]《至正河防記》又說,「白茅河口至板城補築舊堤長二十五里二百八十五步;曹州板城至英賢村等處高廣不等,長一百三十三里二百步;稍岡至碭山縣增培舊堤長八十五里二十步;歸德府哈只口至徐州路三百餘里,修完缺口一百七十處」,也透露了賈魯河一些內容。只是全河究竟經過哪裡,只從《明史‧河渠志》及別的書裡面找到些許零星記載,[148] 現在且把它整理起來。

封丘金龍口(即荊隆口,在縣西南三十餘里,[149]《武昌圖》作金鈴口)。

祥符魚王口至中灤(永樂八年張信奏:「祥符魚王口至中灤下二十餘里,有舊黃河」)。

陳留葛岡(嘉靖六年,戴金奏:「自開封經葛岡、小壩、丁家道口、馬牧集、鴛鴦口至徐州小浮橋口,曰汴河。」現行地圖,陳留東南有葛岡)。

儀封黃陵岡(宣德六年,「浚祥符抵儀封黃陵岡淤道四百五十里」,弘治六年,劉大夏「浚儀封黃陵岡南賈魯舊河四十餘里」,又「自窪泥河過黃陵岡,亦抵徐州小浮橋,即賈魯

---

[147]　《水利史》三四頁。

[148]　《錐指》四〇下所說,「謹摭近志各州縣界中見行之河」,是清初現行的河道,與元末的河道當然有出入。

[149]　同上《錐指》。《續河南通志》作二十里。

河也」。窪泥河屬儀封縣，亦作乞泥河，在北岸。《金鑑》五六引《小谷口薈蕞》稱：「賈魯河在黃陵岡南二里。」同書一六一引《看河紀程》同）。

東明（《金鑑》一七引《直隸通志》：「賈魯河在東明縣南六十里斷頭堤，元漕運所也。」按金、元東明縣在今東明縣南三十里，見前十一節。《金鑑》三二引《河防一覽》：「長垣、東明二縣舊有長堤一道，延亙一百三十里，東至山東曹縣白茅集，西至河南封丘縣新豐村止。堤外即有淘北河一道，相傳即黃河故道也」）。

曹縣新集、梁靖口及武家口（嘉靖「三十七年七月，曹縣新集淤，新集地接梁靖口，歷夏邑、丁家道口、馬牧集、韓家道口、司家道口，至蕭縣薊門，出小浮橋，此賈魯河故道也」。又五年劉纍奏「曹縣梁靖口南岸舊有賈魯河，南至武家口十三里，黃沙淤平，必宜開濬。武家口至馬牧集、鴛鴦口百十七里，即小黃河，舊通徐州故道，水尚不涸，亦宜疏通」。《錐指》四○下以新集屬商丘，《淮系分圖》二二說在商丘東北三十里。《行水金鑑》二一引弘治中徐恪疏：「南經曹縣梁靖口，下通歸德丁家道口。」梁靖亦作梁進）。

虞城馬牧集、鴛鴦口（馬牧集，《淮系分圖》以為在虞城西，或即《武昌圖》之馬牧平台，近圖，虞城西南有馬牧集。

《中國考古學報》二冊八六頁李景聃測圖列馬牧集於商丘縣城之東稍北，不入虞城境）。

單縣黃固口（萬曆二十一年五月，「河決單縣黃堌口」；又光緒十年修《曹縣誌》一：「黃堌在縣南三十里」，想是兩縣交界的地方。《河防一覽》作牛黃堌）。

夏邑（見前曹縣條，《河防一覽》稱「夏邑以北」）。

商丘小壩及丁家道口（見前陳留及曹縣條。小壩在今商丘西北。《錐指》四〇下，丁家道口屬商丘，應即近世地圖之丁道口，在商丘東北，與虞城接界。《利病書》三九引明《曹縣誌》：「賈魯堤……自本縣張家灣東南至丁家道口，凡九十餘里。」又《圖書整合・職方典》三九一引《歸德府志》：「黃河在府城北三十里丁家道口。」按《續金鑑》三引《清一統志》，自金哀宗正大元年蒙古軍決河攻歸德之後，河在府城西南，至順後河在府城北，明正統十三年河又在府城南，依《整合》所引《府志》，則河在府北，不知是何時再改流的）。

碭山韓家道口、司家道口（均見前曹縣條。《水利史》作「韓司道口」[150]，韓司道口或即韓家道口、司家道口之合稱。近圖，夏邑東北與碭山交界處有韓道口。萬曆二十五年楊一

---

[150] 《水利史》三四頁。又《經世文編》九九，雍正四年河南副總河嵇曾筠疏著錄南岸考城之司家道口，是同名不同地。

魁奏：「黃河南旋至韓家道、盤岔河、丁家莊，俱岸闊百丈，深逾二丈，乃銅幫鐵底故道也。」銅幫鐵底即指賈魯故道。又嘉靖三十二年工部奏，由潘家口過司家道口，至何家堤，經符離，道睢寧，入宿遷，出小河口入運，是名符離河。潘家口去丁家道口十餘里，見下節注一六四。司家道口正對李吉口，其東北為何家營，也見下節，何家營當即何家堤）。

蕭縣北薊門（見前曹縣條。《錐指》四○下引《河渠考》作冀門集或冀門渡。按《方輿紀要》稱，故大河至蕭縣北三里之冀門渡，又東三里至兩河口，與山西湖之委流合）。

蕭縣趙圈口、將軍廟及兩河口（萬曆二十七年劉東星奏：「河自商、虞而下，由丁家道口抵韓家道口、趙家圈口、將軍廟、兩河口，出小浮橋下二洪，乃賈魯故道也。自元及我朝，行之甚利。……由韓家道口至趙家圈百餘里……由趙家圈至兩河口直接三仙臺新渠，長僅四十里。」以上引文據《明史》八四；《金鑑》四○引《實錄》則作「由趙家圈尋老黃河故道開挑，由東鎮、曲裡鋪、石將軍廟至兩河口，直接三仙臺新渠，計長僅四十里。」即是說，「自趙家圈至兩河口四十里」，《明史》加以省略，便欠明白。趙家圈在蕭縣西二十里，《淮系分圖》二二誤作西六十餘里。將軍廟亦稱石將軍廟，見前文及《明史》八四。又萬曆二十四年楊一魁奏：「一小支分蕭縣兩河

口出徐州小浮橋。」）。

徐州小浮橋及二洪（小浮橋在州城的東北，見《錐指》四
〇下。《宋史》九六稱：「徐州、呂梁百步兩洪湍淺險惡，多
壞舟楫。」洪或作䃁，見《元史》六四；又稱洪石，見《明史》
八五。《錐指》三二稱：「百步洪在（徐）州東南二里，泗水所
經也。水中若有限石，懸流迅急，亂石激濤，凡數里始靜，
俗名徐州洪。」又「呂梁在彭城縣東南五十七里」，按徐州……
《州志》，「呂梁山在州東南五十里，山下即呂梁洪也，有上下
二洪，相距凡七里，巨石齒列，波濤洶湧」）。

邳州（萬曆六年潘季馴奏：「黃水入徐，歷邳、宿、桃、
清，至清口會淮而東入海。淮水自洛，[151]及鳳，歷盯、泗至清
口會河而東入海。此兩河故道也。」）。

宿遷（見上條）。

清河駱家營（清河今淮陰。萬曆二十二年牛應元奏：「黃、
淮交會，本自清河北二十里駱家營折而東，至大河口會淮，所
稱老黃河是也。陳瑄以其迂曲，從駱家營開一支河，為見今河
道，而老黃河淤矣」）。

將整個河道尋味一下，便覺得賈魯挽河使南流，大致是

---

[151]　《水經注》三〇：「淮河又右納洛川於西曲陽縣北……洛澗北歷秦壘下注淮，謂
　　　之洛口，《經》所謂淮水逕壽春縣北、肥水從縣東北注者也，蓋《經》之謬矣。」
　　　自洛的洛即指洛澗。

循著明昌五年（即一百五十餘年前）「灌封丘而東」的舊道（見前節）。但在曹縣至商丘之間，並不完全是黃河舊道，故自白茅至哈只口百八十餘里間，須得加工。至《元史》稱魯開黃河故道，關於「故道」的意義，前文我已略為解釋。大凡黃河潰決，往往沖刷成幾條新道，有的較寬，有的較狹，有的較深，有的較淺，有的完全是新道，有的經過一段新道後，又和舊有的水系合流，有的能夠維持相當長的時間，有的不久便完全乾涸，在黃河沖決的範圍之內，水系就因而發生大混亂，現下黃河流域留著許多港汊，便屬於這一類的遺跡。賈魯當日的用功，並不是專浚故道，也有開墾生地。至正三、四年河連決白茅，水勢向東，他要把河流挽向歸德出徐州，所以在白茅附近開始用功，經過百八十二里而合於歸德故道。由此可見，更可證明後至元二年所說「黃河復於故道」，確指經歸德出徐州那一路。

▍四、「賈魯河」

此外尚有一條「賈魯河」，往往引起人們的誤會，如乾隆四十四年九月上諭，「賈魯河是元時所開，其時黃水即由此河經行，歸入江南，必非徑穿洪澤湖下注，其後，賈魯河於何時

梗塞，改用今河」[152]，即因將專名之賈魯河，與賈魯所修濬的黃河（人們常稱作「賈魯河」），誤混而為一。

　　賈魯河名稱的由來頗為曖昧，據閻詠《目遊四海記》：「鄭州北有賈魯河自滎澤縣流入，又東入中牟縣岸，其源有三：……合於張家村，名曰合河，至京水鎮曰京水河，又北受須、索二水曰雙橋河。元末，命賈魯疏治以通漕，起鄭州至朱仙鎮，皆名賈魯河。」[153]

　　《水道提綱》七：「自汜水以東，凡南岸諸山泉並無北注大河者，隔於河堤，引流成渠。自滎陽有索河北流，東折經河陰、滎澤南境，會南來之京河、須河，又東經鄭州北，會南來之東京河，又東南會南來之磨河，即古溱、洧諸水，今總名小賈魯河；又東南有欒河自南來會，又東南經中牟縣城北，自此以下，俗曰賈魯河。」

　　又光緒十九年修《扶溝縣誌》：「初惠民河至呂家潭，入蔡河故道，東南直達西華，是元賈魯奏準浚築，故名賈魯河。」

　　乾隆《續河南通志》七，「呂家潭在開封府城朱仙鎮」，這句話是有點錯誤的。呂家潭，《水道提綱》七「滎陽水」條作李

---

[152] 《續行水金鑑》一九。

[153] 《金鑑》一七。《淮系年表》七，至正十六年下稱：「賈魯自鄭州引京水雙橋之水，經朱仙鎮下達以通潁蔡許汝之漕（後人亦名為賈魯河），此一段必武氏根據閻說或其他書本而以己意演成的，試檢《元史》一八七魯本傳，則魯已死於十三年五月，他哪能夠在十六年還治河呢？

家潭，《武昌圖》作呂潭集，地屬扶溝，在朱仙鎮的東南。《水經注》二二「即沙水也，音蔡。許慎正作沙音」。

沙水舊是總稱，非專指《水道提綱》七俗稱沙水的沙河，我們也不要誤混。又張含英說：「賈魯河發源滎澤縣東，經中牟、尉氏等縣，由周家口入沙河，再入淮河，為民國十六年利用民力挑挖者，共開支一萬元，如按民夫猜想，則須九十萬元也，於此可見民力之偉大。」[154]（所謂挑挖，即是濬深舊有的河道，非是新開的，不要因文字發生誤會）

可是《元史·河渠志》及《賈魯傳》都沒有提及，魯以至正十三年（一三五三年）五月死。如果這道河確經他修過，則必定與修黃河同時舉行，除此之外，再無時間可以安插。至於《圖書整合·職方典》三九一引《歸德府志》，「賈魯河在府城西北四十里，元工部尚書賈魯督修，因名」，與及《禹貢錐指》、《明史·河渠志》常提及的「賈魯河」，都指賈魯所修復的黃河，跟這條專稱為「賈魯河」的毫無關係。

這一條賈魯河，在元代以前有無它的歷史，也須趁此交代清楚。考《水經注》七〈濟水〉：

濟水又東，索水注之，水出京縣西南嵩渚山，與東關水同源分流，即古旃然水也。……索水又東北流，須水右入焉。濟

[154]《治河論叢》二三六頁。

水右合黃水……世謂之京水也。

又同書五〈河水〉：

汜水……北流合東關水；水出嵩渚之山，泉發於層阜之上，一源兩枝，分流瀉注，世謂之石泉水也。東為索水，西為東關之水。

是索、須、京各水，在古代本為濟瀆（即黃河的分支）的支流。又《宋史》九三〈河渠志〉稱：

太祖建隆二年春，導索水自旃然，與須水合入於汴。

是索、須二水為汴渠（亦即古代的濟瀆）的枝渠（康熙末，徐潮查勘汴河故道，也特地舉出，自中牟至太和入淮的賈魯河，可參看前文注七七）。賈魯既要挽河東流，自然須把那些水堵住，免使黃河倒灌；一方面又須替那些水系另謀出路，免致河堤內潰，所以說賈魯修濬，是相當可信的。歐陽玄當日沒有記下，《元史》也就因而失載。

其實，賈魯當日如能略仿王景的遺意，把這一條賈魯河應用為有限制的宣洩，於治河未必無所幫助。乾隆四十四年九月上諭曾說：「昨歲豫省漫下之水，賴有賈魯河容納，黃流不致旁溢，是賈魯河未嘗不可留以有備。」[155] 正是考慮到這一點。

---

[155] 《續金鑑》一九。

五、其他元人的治河言論

賈魯之外，元人留下來的治河言論，我們知道的很少。但也有一兩節值得摘下來的，如至大三年，河北河南道廉訪司奏：

東至杞縣三汊口，播河為三，分殺其勢，蓋亦有年。往歲歸德、太康建言，相次堙塞南北二汊，遂使三河之水，合而為一，下流既不通暢，自然上溢為災。由是觀之，是自奪分洩之利，故其上下決溢，至今莫除。……水監之官，既非精選，知河之利害者百無一二，雖每年累驛而至，名為巡河，徒應故事；問地形之高下，則懵然不知，訪水勢之利病，則非所習，既無實才，又不經練，乃或妄興事端，勞民動眾，阻逆水性，翻為後患。為今之計，莫若於汴梁置都水分監，妙選廉幹深知水利之人，專職其任，量存員數，頻為巡視，謹其防護，可疏者疏之，可堙者堙之，可防者防之，職掌既專，則事功可立。[156]

前一段完全說明分洩的重要。渦河本是很小的水道，萬萬不能容納黃河的全量，再要把兩汊河封閉，那就無怪乎連年潰決了。延祐元年，各視察官公議，「今相視上自河陰，下抵歸

---

[156] 《元史》六五。

德，經夏水漲，甚於常年，以小黃口[157]分洩之故，並無沖決，此其明驗也。……若將小黃村河口閉塞，必移患鄰郡」[158]，也說明分洩的必要。賈魯治河之短處，就在只知浚、塞，不知分洩，所以僅僅支持了數年之後，河患仍像前時一樣。

末一段說明治河的人員，須要懂得水利，懂得黃河歷史，這是我們現在所應注重的。

元朝占有黃河流域只一百三十餘年，黃河史空頁的已四十年，現在所得的結論，對於這初期狀況是不能十分確定的。

金末的黃河，據我們所知，是由陽武出封丘，經曹、單，合泗水，下徐、邳而會淮。其改道入渦以會凖，可能在一二三四年那一年，有史以來黃河專從（或應說大量從）渦入淮的還算第一次，這是黃河奪占汴渠中游的前鋒，又是黃河河道的大變局。不過除入渦之外，據史料和事實來觀察，當日河水還分一部到潁水去。

一三二九年以後，河患又漸漸移向北方，不上數年（一三三六年），再走回金末的故道，走渦河的歷史幾有八九十年。

之後，河決金堤（一三四四年），元朝特命賈魯治河

---

[157] 據《元史》六五。是年，河南行中書省的奏疏稱開封縣小黃村，但五年河北河南道廉訪副使的奏又稱杞縣小黃村，想當是兩縣交界的地方。

[158] 同上。

（一三五一年），大致仍是恢復金末的故道。他的治河方法，雖以疏、浚、塞三事並舉，卻注重在塞。他不特塞北河，而且把分流入渦、潁的口都堵住，構成了近世所謂「賈魯河」，不替黃河暴漲留些宣洩路徑，這是他最失策之處。所以完工之後，僅十二年（一三六三年），河遂沖到壽張，跟著就決入大清河，向來批評他的都沒有注意這一點。

明人頗推重賈魯，試著找出原因，則在維持或恢復賈魯的故道以照顧徐州洪的漕運，並不是從治河全域性來設想。平心而論，賈魯治河的能力，無疑勝過潘季馴，見地卻大大比不上王景。

第十二節　元代治河的概略

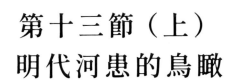

第十三節（上）
明代河患的鳥瞰

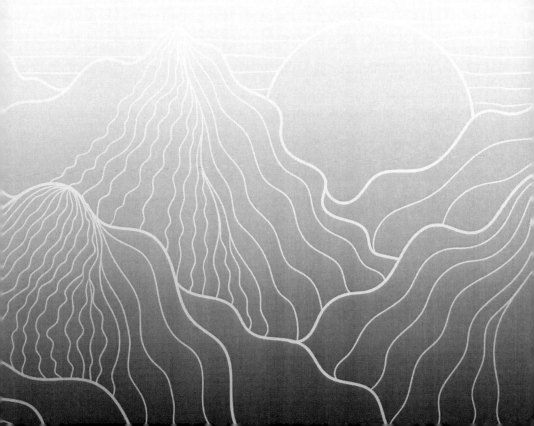

▋ 一、黃河史的研究跟通史有點不同

先近代而後古代，詳近代而略古代，那是研究一般歷史的通則。我對於黃河變遷的研究，卻有點循著相反的方向前進，這是不是違背通則不合時宜呢？我的做法之所以如此，是為著下文列舉的三個重要理由：

（1）黃河是自然界的一員，它的行動受著自然條件所範圍、束縛的；它不能從低窪地面，忽然踰越丘陵；它不能從高處，忽然臨崖勒馬；它不能改變地質、土壤來便利自己的通行，遇著堅冰溶解、霖雨連旬，它不能減少它的收容；要是冱寒凍結，赤地千里，它不能加增它的流動。有時用勞動雖可給以改進或限制，但總須體察著、順從它的本性，才易有成效，不能任人們為所欲為。簡單地說，它的歷史大致是自然的，並非像社會政治一級一級的向上發展，而是經過很長久時間，依舊固定不變的。比方每年的什麼時候會漲，[159] 什麼時候會落，就往日的經驗和粗略的統計，總可大概推定。統計的原則是根

---

[159]《宋史》九一：「二月、三月桃華始開，冰泮雨積，川流猥集，波瀾盛長，謂之桃華水。春末蕪菁花開，謂之菜華水。四月末壟麥結秀，擢芒變色，謂之麥黃水。五月瓜實延蔓，謂之苽蔓水。朔野之地，深山窮谷，固陰沍寒，冰堅晚泮，逮乎盛夏，消釋方盡，而沃蕩山石，水帶礬腥，並流於河，故六月中旬後謂之礬山水。七月菽豆方秀，謂之豆華水。八月荻亂華，謂之荻苗水。九月以重陽紀節，謂之登高水。十月水落安流，復其故道，謂之復槽水。十一月、十二月斷冰雜流，乘寒復結，謂之蹙凌水。」

據越長的時期，結果越趨近準確，所以黃河歷史的研究，除開我們無法了解的之外，時期越長越好，不能偏重於任一階段。

（2）近世的歷史、地書及方誌，不單是著作很多，而且資料豐富，又多半能儲存下來，對於黃河的變遷，人們不難取得正確觀念，即使紀錄間有錯誤，也容易比勘改正。明代以前可不同了，地書、方誌那一類著作，少之又少，能夠傳到現在的又常常殘缺不全。歷史雖或附入河渠的部門，而編纂的人大抵缺乏眼光，偏重言論，忽略事實。黃河在什麼地方潰決？潰向哪一方面去？新河或舊河經過哪些縣分？決口有無堵塞？舊河到什麼時候才完全乾涸？這些問題，在元末以前的任何時期，靠現有的史料，都很難得到明確的答覆。

後世也有少數學者感覺不滿，花去許多光陰，專心研究，希冀彌補這種缺陷。然而中古留下來的材料，既是殘缺不全，遇著困難的地方，就不得不加以推測；推測未必盡數合拍，於是研究的結果，便挾帶著不少錯誤，甚至一錯而全盤皆錯。更晚一輩人以為他們是權威，自己沒有經過深入探討，不敢輕易推翻前人的成案，於是弄到人云亦云，以訛傳訛，這是研究的障礙。

我們生於二十世紀時代，最要是利用科學方法，從中古以前的蒙昧史料，探索多一點前人所未知的訊息，糾正前人一

部分的錯誤。簡單地說，就是廓清舊有的疑團，增加後來的了解。

（3）從現在我們的認知，漢以前沒有整個計畫的治河，北朝及唐很少談及治河，兩漢、北宋、金、元的治河，大要不外新道、舊道的抉擇，到明卻添了一層大大的障礙了。葉方恆說：

……其時專議疏塞而已。自至元二十六年開會通河以通運道，而河遂與運相終始矣。蓋至元以前，河自為河，治之猶易；至元以後，河即兼運，治河必先保運，故治之較難。[160]

明邵寶（字國賢）說：

今北有臨清，中有濟寧，南有徐州，皆轉漕要路；而大梁在西南，又宗藩所在，左顧右盼，動則掣肘，使水有知，尚不能使之必隨吾意。況水，無情物也，其能委蛇曲折以濟吾之事哉？[161]

胡渭又說：

謂河北而會通之漕不廢則大非。明之中葉，河屢貫會通，挾其水以入海，而運道遂淤，河之不可北也審矣。向使河北而無害於漕，則聽其直沖張秋，東北入海，數百年可以無患矣，

---

[160] 《經世文編》九六。
[161] 《錐指》四〇下引。

奚必歲歲勞費而防其北決耶？[162]

　　看看這幾節的言論，我們就可領會明代，甚至清代人的治河方針，先存著「黃河必不可聽其北行」、「黃河要維持著南行」的種種成見。換句話說，他們治河，不著眼於「順水之性」這一重點，而要施用壓迫手段，使其就範。黃河譬如一個民族，強加壓迫，未嘗不可暫時制服，然而它終究會抵抗的。屈服時期的長短，則看環境的條件，直到忍無可忍，便一發而不可收拾，明、清治河，乍看頗有成績，我卻要提出異議。胡渭說過：「南行非河之本性，東沖西決，卒無寧歲，故吾謂元、明之治運，得漢之下策，而治河則無策。何也？以其隨時補苴，意在運而不在河也。設會通有時而不用，則河可以北。」[163] 南行是否河的本性，這裡暫且不談，我引胡氏的話，只在斷章取義，以為「治河無策」的批評，應該移贈於明、清，更為適合而已。自銅瓦廂改道之後，南方糧食，循海而上，部分的運河已變為麥田，加之，海輪陸鐵，交通大便，即使整條運河仍可利用，也由往日的一等全國運輸性降作次要的地方運輸性，四五百年來治河必先治運的顧慮，可以根本肅清，這是今後治河方法的一個大轉變。我們既有這點認識，愈覺得黃河變遷的研究，用不著偏重近代。

---

[162]　同上《錐指》。
[163]　同上《錐指》。

我不認為元代治河無策，自有我的理由，要闡明這一點，不可不趁便補敘元人使用會通河的經過。

▌二、會通河

《元史》六四〈河渠志〉稱：

會通河起東昌路須城縣安山[164]之西南，由壽張西北至東昌，又西北至於臨清，以逾於御河。至元二十六年，壽張縣尹韓仲暉、太史院令史邊源相繼建言，開河置閘，引汶水達舟於御河，以便公私漕販。……首事於是年正月己亥，起於須城安山之西南，止於臨清之御河，其長二百五十餘里，中建閘三十有一，度高低、分遠邇以節蓄洩，六月辛亥成，凡役工二百五十一萬七百四十有八，賜名曰會通河。

這會通河是不是元代的重要運道呢？據元人（順帝時）余闕說：

自宋南渡至今，殆二百年，而河旋北。議者慮河之北則會通之漕廢，當築堤起曹，南迄嘉祥，東西三百里以障遏之，不使之北。

似乎元人很重視會通的漕運。但潘季馴卻說：

---

[164] 同上《錐指》：「元順帝至正四年……六月，又北決金堤，瀕河郡邑，皆罹其害，水勢北侵安山（在碭山縣南）。」以安山為在碭山縣，是大大的錯誤。

元漕江南粟，則由揚州直北廟灣入海，未嘗溯淮。[165]

關於糧食的接濟，並不是完全利用會通。胡渭說：

明洪武初，命徐達自曹州東引河，至魚臺入泗以通運，永樂九年，又命宋禮自曹疏河，經濮州，東北入會通河，是北流猶未絕也。迨遷都之後，仰給於會通者重，始畏河之北，北即塞之。[166]

傅澤洪《行水金鑑序》也說：「今之運河，則自元、明始，然元創之而不用。」明人重視會通，亦不過永樂以後的情形。胡渭批評賈魯，說「魯為會通所窘，河必不可北，其所復者仍是東南入淮之故道」[167]，對當日的實情，未免有點失察。又咸豐五年崇恩奏，「元至元二十六年會通河成，而黃河始全注於淮」[168]，也是錯的。

▎三、明代的河患分期

明代享國二百七十六年，比清長八年，比北宋約長五分之二。但河道之混亂，比清或宋屬害得多，初讀黃河史的，往往

---

[165] 《明史》八四。
[166] 同前《錐指》。關於北流未絕的討論，別詳下文。
[167] 同前《錐指》。關於北流未絕的討論，別詳下文。
[168] 《歷代治黃史》五。

毫無頭緒。萬曆二十五年（一五九七年），總河楊一魁上過一本
奏疏，分析明代二百三十年黃河的變遷，大致還不錯，現在且
引在下方以作引子，庶幾閱者讀過後，對於各期的敘述，較容
易地取得了解。

　　洪武二十四年（一三九一年），決原武黑陽山，經開封城
北，又東南經項城、太和、潁州、潁上，至壽州正陽鎮入淮。
行之二十餘年，至永樂九年（一四一一年），河稍北，入魚臺
塌場等口。未幾（一四一六年），復南決，由渦河經懷遠縣入
淮，時兩河合流，經鳳陽曆泗州以出清田。……嗣後又行之
四（應作三）十餘年，至正統十三年（一四四八年）間，河復北
決沖張秋。至景泰初（一四五五年，「初」字誤），先臣徐有貞
塞之，河乃復渦河東入淮。……嗣後又行之二（應作三）十餘
年，至弘治二年（一四八九年），河復北決沖張秋，先臣白昂、
劉大夏相繼塞之，復導河流，一由中牟至潁、壽，一由亳州渦
河入淮，一由宿遷小河口會泗，時則全河大勢，縱橫於鳳、
亳、潁、泗之郊，而下且漫溢於符離、睢、宿之境矣。……唯
正德三年（一五〇八年）以後，河漸北徙，或由小浮橋入漕，
或由飛雲橋入漕，或由谷亭入漕，全河大勢，始盡趨徐、邳
出二洪，運道雖稍得其接濟之利，而亦受其泛溢之害矣。至嘉
靖十一年（一五三二年，實應嘉靖六年即一五二七年，說見下
文），而河臣建議分導者，始有渦河一支中經鳳陽祖陵，未敢

輕舉之說……然當時間有浚祥符之董盆口，寧陵之五裡鋪，滎
澤之孫家渡，蘭陽之趙皮寨，又或決睢州之地丘店、界牌口、
野雞岡，寧陵之楊村鋪，俱入舊河，從亳州、鳳陽等處入淮，
南流尚未絕也。……至嘉靖二十五年（一五四六年）以後，南
流故道始盡塞，或由秦溝入漕，或由濁河入漕，五十年來全河
盡出徐、邳，奪泗入淮，而當事者方認客作主，日築堤而窘
之，以致河流日壅，淮不敵黃，退而內瀦。[169]

他批評他人的話，是否適合，現在暫且不論。最要是前
人文字，往往用些雙關名詞，我們別要發生誤會。「故道」字
樣，我在前後文經屢次指出，含義往往不同，即如潘季馴主張
復故道是指元末以至明初的「賈魯故道」，而一魁疏所稱舊河及
故道，卻指洪武以後入穎、入渦的河道，兩個「故道」迥然不
同，如果呆板地來讀，便如墮入五里霧中了。

宗源瀚曾稱，明代河防興大役五十餘次，清代至光緒十四
年止，除平漫不計外，奪溜大工亦三十九次，[170] 固然是時代
越後則紀錄越詳，然另一方面也反映著明、清兩代治河之實在
無策。

前頭已說過我治黃河史的方法，對貧乏的古代資料，要把
它解釋得詳細一點；對近代豐富的資料，要把它精簡淘汰。根

---

[169] 《金鑑》三九。
[170] 《再續行水金鑑》一五八〈籌河論〉。

據著這個觀點出發，所以將明代的河患劃分為五個時期。因事情複雜，列表有許多不便的地方，這裡改用敘述式。

第一，明初及洪武會潁的時期。

洪武元年（一三六八年），決曹州東之雙河口，[171] 入魚臺。徐達方北征，乃開塌場口 [172] 引河入泗以濟運。[173]

六年（一三七三年）八月，河水自齊河潰商河、武定境南。[174]

八年（一三七五年）正月，決開封府大黃寺，挾潁入淮。[175]

十四年（一三八一年）決原武、[176] 祥符、中牟。

---

[171] 《利病書》三八引《兗州府志》，雙河口一曰灉河，黃河自曹縣入界，至曹州城東，折而北流，分為二支：一支入雷澤，一支入鄆城，謂之雙河口。

[172] 光緒十五年《魚臺縣誌》一：「黃河故道，舊自曹州雙流（河）口經嘉祥、鉅野，出縣境塌場口入運。……塌場者，南陽（湖）上流也，其旁曰釣魚磯。」《利病書》三八引《兗州府志》，塔章河在嘉祥城北十里，與塌場字音相類，恐即一口，是也。

[173] 關於「明代分期的河患」的史料，除別有註明外，均採自《明史》八三至八七〈河渠志〉。

[174] 據《圖書整合・山川典》二三四引《山東通志》。

[175] 挾潁入淮是據《金鑑》一八引《目遊四海記》。《利病書》五〇作七年決開封，張且文有七年五月決開封堤，又有八年決大黃寺堤，頗疑同是一事。

[176] 康熙十九年《封丘縣誌》一：「洪武初，河決原武，經開封北、封丘南入淮，北道遂絕。後又徙開封南朱仙鎮。及弘治二年，乃復徙封丘縣南。」作「洪武初」誤。「北道」字可有幾種解法：（一）賈魯的故道，（二）分入北清河的水道，（三）汲、胙的故道，或（四）綜合上三種而言。但我們須認清，賈魯故道那時候還未完全斷絕。

十五年（一三八二年）七月，決滎澤、陽武。[177]

十七年（一三八四年）[178] 八月，決杞縣入巴河。

二十四年（一三九一年）四月，決原武黑洋山，[179] 東經開封城北五裡，[180] 又東南由陳州、項城、太和、潁州、潁上，東至壽州正陽鎮，全入於淮，賈魯河故道遂淤。[181] 新流稱為大黃河，舊流（即賈魯故河）稱小黃河，是時，陽武已在河北，原武仍在河之南。[182] 又由舊曹州、鄆城兩河口漫東平之安山湖，會通河亦淤。

二十五年（一三九二年）正月，決陽武，泛陳州、中牟、

---

[177] 《天下郡國利病書》五〇、《明史‧本紀》（三）及〈河渠志〉（一）均作十五年七月，唯《金鑑》一八引《太祖實錄》作十六年六月乙卯，按六月癸酉朔，月內無乙卯，十五年七月戊申朔，月內有乙卯，而《明史》卷三作「七月乙卯」，那可信記在十六年之不合。又考乾隆十二年修《原武縣誌》五：「至明洪武十五年，河決陽武，由東南三十里入封丘至考城，自此河出陽武之南。」

[178] 同前《整合》引《河南通志》作十六年，今據《實錄》。再者，《利病書》引《通志》稱：「十六年秋八月戊辰。」按十六年八月壬申朔，月內無戊辰，唯十七年八月丙寅朔，則十三為戊辰，是亦可證明十六年之誤。

[179] 同前《整合》引《淮安府志》，「原武」誤「陽武」，又「黑洋」作「黑陽」，黑洋舊時在南岸。《明景帝實錄》，景泰四年八月戶部主事鍾成奏「原武北自舊黃河黑羊山界，南自古汴陳橋鋪界，相去五十餘里，水皆浸灌，縣居其中，於今已六年矣」。又景泰三年四月，遷原武縣治於相隔十餘里之古卷縣址（均據《金鑑》一九引）。《小谷口薈蕞》稱陽武「東有脾沙岡，西有黑洋山，河決後皆淪於河」（同上卷五六）。

[180] 同前《整合》引《續通考》：「舊黃河在開封城北四十里，至洪武二十四年，河決原武，東經開封城北五里。」又《明史》八三，天順七年下稱：「國初黃河在封丘，後徙康王馬頭，去城北三十里。」

[181] 此一段與《整合》二二六引弘治間徐恪疏，又二二四引鄭曉說略同。

[182] 末兩句據同前引《原武縣誌》，參前注 19。

原武、封丘、祥符、蘭陽、陳留、通許、太康、扶溝、杞十一州縣。

三十年（一三九七年）八月，決開封。十一月，蔡河南徙入陳州。先是河決，由開封北東行，至是，下流淤，又決而之南。

永樂九年（一四一一年），工部侍郎張信訪得祥符縣魚王口至中灤下二十餘里有舊黃河，岸與今河面平，浚而通之，俾循故道，則水勢可殺，[183] 從之。七月，宋禮引河復故道，自封丘金龍口下魚臺塌場，會汶水，經徐、呂二洪，南入於淮。

由至正二十五年（一三六五年）至永樂十三年（一四一五年），共五十一年。這期之初，黃河入海分為（甲）合淮水而入海及（乙）不合淮而入海的兩道。（甲）又再分為（a）（b）兩途，（a）正流，經徐州東流合淮，即賈魯河故道。（b）由（乙）分出，先會泗而後入淮，即徐達所引。（乙）分流，從北清河入海，即至正二十五年所沖開的新道。

到洪武二十四年（一三九一年），河水直東南合潁入淮，這是黃河一次大變動。還有一點，我們不要誤會，永樂九年所稱復故道，只限於賈魯河的下游，並不是恢復整個賈魯河的故道。例如《明史》八四說，「永樂九年，河北入魚臺」，又八五說，「（金）純復浚賈魯河故道，引黃水至塌場口會汶，經徐、

---

[183]　《明史》八三附八年下，茲據《利病書》五〇引《通志》及《整合》引《續通考》附入九年。

呂入淮」，又《世宗實錄》，嘉靖九年十一月總河潘希曾奏，「黃河由歸德至徐入漕者，故道也；永樂間浚開封支河達魚臺入漕者，以濟淺也」。均可以互證。[184]

第二，永樂以後入渦、入潁及東沖的混亂時期。

永樂十四年（一四一六年），[185] 決開封州縣十四，由渦河經懷遠入於淮。

宣德六年（一四三一年），浚祥符至儀封黃陵岡之淤道四百五十里，是時，金龍口漸淤。[186]

正統二年（一四三七年）八月，決濮州範縣。

---

[184] 《實錄》文據《金鑑》二三。《水利史》說，宋禮「引河自開封北入徐州小浮橋故道，分流由封邱金龍口……」（三七頁），是很大的誤會。鄭氏未經細讀《明史．河渠志》各卷的文字，又不曉得舊史的「故道」字常有廣義、狹義之不同。其實，宋禮引河，只是經過開封、封丘間，東出魚臺，會泗而下小浮橋，並不是同時自開封引河經歸德出小浮橋，又分一支自封丘經魚臺出小浮橋。如果不然，楊一魁不應單說「河北入魚臺」，《明史》八五也不應單稱「引黃水至塌場口」了。參下注 28 及注 35。

[185] 同前《整合》引《淮安府志》，又《明史》二八及八三均作十四年。《水利史》（三七頁）作十三年，誤。

[186] 是時金龍口出魚臺之路口漸淤，所以把賈魯河的淤塞開濬，這也反映出永樂九年並不是恢復整個賈魯故道。即如《水利史》說：「浚祥符抵儀封黃陵岡淤道四百五十里以通其流，然無堤以東之，水平緩無力，新開之河不能敵暴沖之溜，開未竟而即淤塞。」（三八頁）稱作「新開」，不見得二十年前（永樂九年）已經恢復（參前注 26 引《水利史》），如果曾經恢復，更不致旋開即淤，是鄭書已不免自相矛盾。據我的觀察，洪武二十四年以後，賈魯河故道偶然有水量通過，那才是實際情形。試看洪武三十年下稱「先是河決，由開封北東行，至是下流淤，又決而之南」，東行業指賈魯故河。

是年，潁州黃流始絕。[187]

三年，決陽武，又決邳州，灌魚臺、金鄉、嘉祥。[188]

十三年（一四四八年）七月，[189] 河改流為二道：一決新鄉八柳樹口，[190] 由故道東經延津、封丘，漫曹、濮、陽穀，[191] 抵東昌，沖張秋，[192] 潰壽張沙灣，壞運道，東入海。

一決滎澤孫家渡口，漫流原武，抵祥符、扶溝、通許、洧川、尉氏、臨潁、郾城、陳州、商水、西華、項城、太康，至壽州入於淮，[193] 又東南由陳留入渦口，經蒙城至懷遠入淮，[194] 但存

[187] 《淮系年表》八引《潁州府志》。

[188] 《水利史》說：「河南決陽武，邳州。」（三八頁）依前文，洪武二十四年陽武已在河北，《水利史》誤。

[189] 《整合》引《明會典》及《明史》八三均作十三年；唯《整合》引《續通考》作「十二年七月」，「二」實「三」之誤筆。《水利史》於正統十年下說：「蓋其時壽州入淮之水，既以新沖而不能持久。」（三八頁）按河從壽州入淮系洪武二十四年事，計至正統初已四十餘年，「新沖」兩字，太易令人誤會。

[190] 今圖，新鄉縣西南（不是東南）有八樹，在舊黃河的北岸。《金鑑》一六二引《看河紀程》，新鄉西行四十餘里至八柳樹店。

[191] 陽穀，據《整合》引《明會典》補入。

[192] 在東阿縣西南六十里。

[193] 本條參據景泰四年王暹奏疏及《整合》引《續通考》。又《整合》二二四引鄭曉說：「又決滎澤，東經汴城，歷睢陽，自亳入淮。」（與《整合》二二六引弘治間徐恪疏略同，《續通考》也是這樣說，引見下文）與《原武縣誌》五所稱「正統十三年，河決滎陽姚村口南徙，過開封西南，經陳留入渦口，原武始在河之北」，大致相合。但《明史》八三並未記是年河決入渦。至《水利史》（三九頁）於正統十三年下稱：「賈魯河故道復湮（自永樂九年河循故道，至是復湮，凡三十七年）」，是不會太正確的記載，已於前注 26、28 各條辨正。景泰二年王暹奏「自正統十三年以來，河復故道，從黑洋山後徑趨沙灣入海」，可見「復故道」一詞，不能呆板作「復賈魯故道」解。

[194] 《利病書》五〇引《河南通志》，也見下引《續文獻通考》。

小黃河從徐州出。河又分流大清，不端向徐、呂，二洪遂淺澀。

十四年（一四四九年）三月，工部侍郎王永和修沙灣堤大半而不敢盡塞，置分水閘，放水自大清河入海；又請停八柳樹塞工，從之。

景泰元年（一四五〇年）五月，壽張河決。[195]

二年（一四五一年），河決濮州。[196]

三年（一四五二年）五月，工部尚書石璞築沙灣堤成。六月，[197] 復決沙灣北岸，掣運河之水以東。

四年（一四五三年），徐有貞上治河三策：[198] 一置水閘門；二開分水河；三挑深運河。於是起張秋金堤之首，[199] 逾範暨濮，又西數百里，經澶淵接河、沁，設渠以疏之，築九堰以御河流旁出者，六年七月功成，賜渠名廣濟，沙灣之決始塞，河

---

[195]　同前《整合》引《兗州府志》。

[196]　同前《整合》引《東昌府志》。

[197]　同前《整合》引《山東通志》作五月。

[198]　《淮系年表》八作五年十一月上三策，下文又稱「閱五百五十日功成」。如此說法，豈不是動工於上策之前？《年表》的錯誤當是承襲《安平鎮志》（見《利病書》四〇）而來的。

[199]　《明史》八三：「起張秋金堤之首，西南行九里至濮陽濼，又九里至博陵陂，又六里至壽張之沙河。」那是本自徐有貞的《河功記》，顯然，博陵在張秋西南十八里，壽張沙河東北六里。《水利史》不知根據哪種二三等史料，誤以「博陵陂」為博陵，說在張秋西北，即「今山東博平縣西北三十里」（三九頁），跟博陵陂相去約百里之外；鄭氏既不根據一等史料，又未檢對《明史》，所以造成這樣嚴重錯誤（據《安平鎮志》：「沙河去鎮四十五里，從範縣壽張入陽穀，雨後則會水北流，至東昌龍灣入運」）。

復由渦河入淮。[200]

　　這一期至景泰六年（一四五五年）止，前後共四十年，可說是黃流最混亂的時期。永樂十四年（一四一六年）雖由渦入淮，但正統二年（一四三七年）決範縣，是向東北沖去。三年（一四三八年）又決邳州，是賈魯故道也未全淤。到正統十三年（一四四八年）的潰決，可更複雜了。《續文獻通考》說：「正統十三年……七月，河又決滎陽，東過開封西南，經陳留，自亳入渦口，又經蒙城至懷遠界入淮。」又說：「至是（正統十三年），又決滎陽，過開封城之西南，而城北之新河又淤，自是汴城在河之北矣。」[201] 那麼，黃河在這時最少有三枝分流了。

　　洪武二十四年入潁之後，約經過二十年（永樂九年，一四一一年），宋禮挽河北行，僅僅五年（永樂十四年，一四一六年），河又奪渦入淮。可是據前頭所引的記載，正統二年（一四三七年）雖說潁州黃流已絕，但十三年（一四四八年）河又分由潁、渦入淮，景泰六年（一四五五年）河復由渦入淮，這個時期，河流似乎很不正常的。而且入渦至哪年為止，也很難作出清楚的劃定。又宣德十年（一四三五年）特開金龍口舊渠，分引黃水通張秋濟運，[202] 東北流也沒有完全截斷。明

---

[200]　末句據《明史》八四楊一魁的奏疏。

[201]　同前《整合》引。

[202]　《黃河年表》（八三頁）引《英宗實錄》。

代河流在這一時期弄得如此混亂，簡直是無可區分的了。

第三，景泰末入渦至劉大夏治水的時期。

成化十四年（一四七八年）七月，河決延津西奡村，又明年，徙之縣南。[203]

十八年（一四八二年），河決太康。[204]

弘治二年（一四八九年）五月，河決，水入南岸者十三，入北岸者十七。南決者自中牟楊橋至祥符界析為二支：一經尉氏等縣，合潁水，下塗山，入於淮；[205] 一經通許等縣，入渦河，下荊山，入於淮。[206] 又一支自歸德州通鳳陽之亳縣，亦合渦河入於淮。[207] 北決者自原武經陽武、祥符、封丘、[208] 蘭陽、儀封、考城；其一支決入封丘金龍等口，至山東曹、濮，

---

[203] 此據《金鑑》一九引《河南通志》。同書一六二引《看河紀程》則稱，黃河故道在延津縣（北）二十八里，明天順間遷於於家店。按於家店在延津南（參下注59），比《通志》所記早十餘二十年。又張了且文認為「自延津南徙入封丘」。

[204] 道光八年《太康縣誌》三。張了且文稱河溢開封府州縣，由通許縣北李道崗直趨太康。

[205] 張了且文稱：成化「二十三年（西元一四八七年）河徙於汴之北，自朱仙鎮分流，經通許縣西四十里，復匯於扶溝」，是弘治二年之前兩年，河已入潁了。

[206] 《水經注》三〇：「淮水又北，沙水注之，《經》所謂濄蕩渠也。淮之西有平阿縣故城……《郡國志》曰，平阿縣有當塗，淮出於荊山之左，當塗之右，奔流二山之間……杜預曰，塗山在壽春東北，非也。」據《錐指》四三，塗山在懷遠縣東南八里，荊山在縣西南一里。

[207] 嘉靖六年戴金奏：「弘治間渦、白上源堙塞，而徐州獨受其害。」或指弘治末年的事。

[208] 參前注 18。

沖入張秋漕河。至冬，決口已淤，因併為一大支，由祥符翟家口合沁河，出丁家道口下徐州。[209] 合潁、渦二水入淮者水脈頗微。[210]

　　三年（一四九〇年），戶部侍郎白昂引中牟決河經陽（前文作楊）橋以達淮，[211] 浚宿州古汴河以入泗，[212] 又浚睢河，自歸德飲馬池，經符離橋（在宿州北）至宿遷小河口[213] 以會漕

---

[209] 《整合‧山川典》二三四引《兗州府志》：「河徙汴城東北，過沁水，溢流為二：一經蘭陽、歸德至徐、邳入淮；一自金龍口、黃陵岡東經曹、濮，決張秋運河。」

[210] 《問水集》稱：「孫渡在今滎澤，正統間全河從此南徙，弘治二年淤；弘治六年至今凡十餘年矣……卒莫能通，嘉靖癸巳（十二年）秋，浚百五十里，甲午夏水大漲，一淤而平。」（《金鑑》二四引）孫家渡即入潁的口門。

[211] 《明史》八三：「引中牟決河出滎澤陽橋以達淮。」按黃河先經滎澤而後東南過中牟，《明史》這一句修辭殊欠穩當。《水利史》沿《淮系年表》九（但刪中牟字）改作「引決河自滎澤楊橋，經朱仙鎮下陳州，由渦、潁達淮」（四〇頁），更因誤會而脫離現實。依照白昂奏疏及現行地圖，楊橋系在中牟境內黃河南岸，不屬滎澤。又同前《整合》引《江南通志》，「弘治二年命侍郎白昂導河由壽達淮」，與《明史》均未說明匯入渦河。按弘治六年陳政奏「河之故道有二：一在滎澤孫家渡口，經朱仙鎮直抵陳州；一在歸德州飲馬池，與亳州地相屬，舊俱入淮，今已淤塞。」後一道是入渦的道，則「經朱仙鎮下鎮州」只是入潁的道。葉方恆《全河備考》稱，昂「導南河自原武、中牟下南頓，至潁州，由塗山達於鳳陽故道合淮」（南頓舊縣在項城北），又稱，「其故道自汴城西南杏花營入渦河者則淤澱矣」，也沒有說導河合渦。

[212] 明吳寬撰《白昂傳》：「又浚宿州古睢河入運道以分徐州之勢。」谷應泰《明史紀事本末》，「浚宿州古睢河以達泗」（均據《金鑑》二〇引），都不稱浚汴河。我初時很疑心「古汴河」字有錯誤，後來細想，通濟渠一名汴河，經過宿縣（見前九節二項甲），然則所謂「古汴河」猶之說「古時的汴河」（即隋以後的汴河），並非指一般所稱的「古汴河」，即隋前的汴河。

[213] 萬曆三十年工部奏：「小河口乃睢水出洩故道。」（《金鑑》四一）《薔蕘》說：「睢水自宿州靈壁東流而下，入睢寧界，歷孟山、潼郡至朱仙鎮，經堽頭，過廟灣，繞縣治後，再東抵高作、耿卓而盡於小河口，入黃河。自天啟二年，崇

河，[214]使河入汴，汴入睢，睢入泗，泗入淮以達海。又自東平北至興濟（今青縣東南）鑿小河十二道，入大清河及古黃河以入海，河口各建石堰，以時啟閉。

五年（一四九二年）七月，河勢北趨，自祥符孫家口、楊家口、車船口、蘭陽銅瓦廂（又作筒瓦廂）決為數道，沖黃陵岡，犯張秋戴家廟，掣漕河與汶水合而北行。

七年（一四九四年），副都御史劉大夏浚儀封黃陵岡賈魯舊河四十餘里，由曹縣（梁靖口）出徐以殺水勢；浚孫家渡口，[215]導河由中牟、潁川、壽州東入淮；又浚祥符四府營淤河，由陳留至歸德分為二：一由宿遷小河口會泗，一由亳州至渦河，俱會於淮。然後築塞張秋決口，改張秋為安平鎮。

八年（一四九五年）正月，大夏以黃陵岡決口廣九十餘丈，荊隆（即金龍）決口廣四百三十餘丈，河流至此，寬漫奔

禎二年黃河沖決，故道遂堙。今小河自孟山東下，歷縣治南界，由扶溝而東南入祠堂湖口。」又《一統志稿》稱，睢水「今自河南陳留縣東北與汴河分流，經永城縣南而入徐州碭山縣界，下流至邳州宿遷縣東南而會於泗，謂之泗口，亦曰小河口」（同上五九）。據《武昌圖》，小河口在白洋鎮之北；又據《利病書》二七引《淮安志》，小河口在宿遷縣治西南十里。

[214] 《整合·山川典》二二三引明人《黃河治法》：「黃河上源支河一道，自歸德飲馬池歷虞城、夏邑、永城、宿州、靈壁、睢寧出宿遷小河口，弘治中侍郎白昂浚之，一殺河勢，一利商船，今淤。」

[215] 嘉靖十四年劉天和奏：「孫家渡自正統時全河從此南徙，弘治間淤塞，屢開屢淤，卒不能通。」《整合》二二四引鄭曉，「滎澤孫家渡口舊河東經朱仙鎮，下至項城、南頓，猶有河流，淤淺僅二百餘里」，與弘治間徐恪疏同。

放，於是築塞黃陵岡、荊隆等口七處。其大名府之長堤，起胙城，歷滑縣、長垣、東明、曹州、曹縣，抵虞城，凡三百六十里，名太行堤。[216] 西南荊隆等口新堤起北岸祥符於家店，[217] 歷銅瓦廂、東橋，[218] 抵儀封東北小宋集（今考城縣東）凡一百六十里，於是上流河勢復歸蘭陽、考城，分流逕歸德、宿遷，南入運河。[219]

　　這期至弘治八年（一四九五年）止，共四十年。自景泰六年（一四五五年）至弘治元年（一四八八年）的三十餘年當中，黃河沒有什麼大變動，可算是徐有貞治河的後果。[220] 關於劉大夏治河之後的河道，顧炎武說：「丘仲深謂以一淮受黃河之全，然考之先朝徐有貞治河，猶疏分水之渠於濮、泛（泛誤，應作範，即範縣）之間，不使之並趨一道。自弘治六年（應作八年）

---

[216]　《經世文編》九六。

[217]　據劉健《黃陵岡碑》及《整合·山川典》二三四引《明會典》。《明史》八三訛為「於家店」。《金鑑》一六二引《看河紀程》，陽武古倫集東四十里於家店，十五里荊隆口鎮。

[218]　東字誤，《明孝宗實錄》作陳橋。

[219]　當即前文七年下所稱由陳留至歸德分為二道。《明史》八四楊一魁奏：「弘治二年，河又北沖，白昂、劉大夏塞之，復南流，一由中牟至潁壽，一由亳州至渦河入淮，一由宿遷小河口會泗。」

[220]　《明史》八三的批評是：「亦會黃河南流入淮，有貞乃克奏功。」《水利史》（三九頁）因以為天幸，都無非承襲《安平鎮志》之說（「先是沙灣之決垂十年，時僥有天幸，河南徙入淮，勢少殺，故貞得竟其功。」見《利病書》四〇），失持論之平。尤其《古今治河圖說》既責成有貞不塞八柳樹為捨本逐末（三〇頁），對大夏築斷黃陵岡，卻又以為變本加厲，造成完全奪淮之局（三一頁）。須知八柳樹或黃陵岡的決道都是沖向張秋，為什麼一個應塞而別一個又不應塞呢？

築黃陵岡，以絕其北來之道，而河流總於曹、單間，乃猶於蘭陽、儀封各開一口而洩之於南。」[221] 所說南洩大約指祥符四府營那一條水道。據前弘治七年下的引文，大夏治河後黃河仍分作四股：（一）經曹、單過徐，會泗入淮。（二）由中牟會潁入淮。（三）入睢而會泗入淮。（四）入渦會淮。《明史》八三所稱，「劉大夏往塞之，仍出清河口」，固然是概括的說法。楊一魁疏只列舉中牟、亳州、宿遷三道（引見前），也有遺漏。

胡渭祖述丘（仲）深的見解，在《錐指》四〇下曾說：「元末河復北徙，自東明、曹、濮下及濟寧而運道壞。明洪武初，命徐達自曹州東，引河至魚臺入泗以通運。永樂九年，又命宋禮自曹疏河，經濮州，東北入會通河，是北流猶未絕也。……弘治中兩決金龍口，直沖張秋，議者為漕計，遂築黃陵岡支渠而北流於是永絕，始以清口一線受萬里長河之水。」他又在《錐指例略》裡面，把弘治築斷黃陵岡列作黃河第五大變。按前文引楊一魁疏及《明史》八三和八五，同稱永樂九年宋禮引黃至魚臺會汶。如果引黃自曹經濮，勢必直沖張秋（參下文），很容易牽汶水而同歸於海，這是明人治運所最忌之一點，也就是劉大夏急於築斷陵岡的要因，宋禮治運，未必敢冒此危險。胡氏所說自曹疏河經濮，並未查證到他有什麼根據？[222]

---

[221]　據《錐指》四〇下引。

[222]　清末李鴻章稱，「明弘治中，荊隆口、銅瓦廂屢次大決，皆因引黃濟張秋之運，

再者，以一淮受黃河之全，實始於金大定中（約一一八〇年），前文十一節已有過詳細說明。此後，至正二十五年（一三六五年）河決須城、東阿、平陰，達於大清河，又洪武六年（一三七三年）河自齊河潰商河、武定，是分流北出的短短時期。但自這之後，金龍口至張秋的水道，在大夏築斷以前，並非時常通行，即使通行，也有節制，跟宋人之引河濟汴，有點相像。現在試把搜得的史料匯錄如下：

宣德五年（一四三〇年）陳瑄言，自臨清至安山漕河，春夏水淺舟澀，張秋西南有河通汴，舊常遣官修治，遇水小時於金龍口堰水入河，下至臨清，以便漕運。比年缺官，漕運實難，乞仍其舊，從之。

十年（一四三五年）開金龍口舊渠，分引黃水通張秋濟運。

正統元年（一四三六年）漕臣會議，金龍口水接張秋，是引水迫（？通）運之處，宜令工部委官巡視，遇有淤塞即浚。

十年（一四四五年）九月，河決金龍口、陽穀堤。

十三年（一四四八年）七月，河沖張秋，決大洪口，諸水從之出海。

十四年（一四四九年），王永和請於沙灣堤啟分水閘二孔，放水由大清河入海。

遂致導隙濫觴」（《清史稿·河渠志》一），大約也指宋禮自金龍口下魚臺那一回事，但當日所濟的並不是張秋，李鴻章之誤會，與胡渭同。

景泰四年（一四五三年）十月，以沙灣累修累決，命徐有貞治河。七年（一四五六年）四月，沙灣堤成。

弘治二年（一四八九年）河沖張秋，命白昂塞之。

五年（一四九二年）河潰黃陵岡，東北入漕河，六年（一四九三年）命劉大夏往治，八年（一四九五年）二月，塞決成功。[223]

更如《明會典》稱，景泰四年，「復於開封府金龍口、銅瓦廂等處開渠二十里，引河水東北入運河」。《行水金鑑》一九於其後注稱：「至景泰七年，始塞河（沙誤）灣之決而張秋運道復完。」引河入運，須要開渠，更見得黃河的北流，在前確已中斷。及景泰六年（一四五五年）有貞將沙灣堵塞之後，下至弘治二年一段時間，黃河顯然沒有分入大清。從此可知，我們對那些史料，可以取得五點了解：

（一）在明初八十年間（一三六八－一四四七年），明人並不是不能把金龍口築塞。他們留著這條水道，是預備救濟臨清一段運河在春夏間的短缺。

---

[223] 《安平鎮志》說，「自國朝以來，張秋決者三，而弘治（六年）癸丑為甚」，見《利病書》四〇。又《淮系年表》九於《弘治六年》下稱，「工方興，張秋復決東堤百丈」，復於《七年》下引《方輿紀要》稱，「二月，河復決張秋沙灣」，這明明是同一回事，而《紀要》誤六年為七年。此外，《年表·六年》下已歷敘大夏的治法，使得讀者乍看好像大夏竣功後張秋復決，行文也先後失序，其實大夏的方法，應序於七年才合。

（二）陳瑄請派官修治，顯因那時候金龍口漸淤（見《明史》八三），同時，從祥符到黃陵岡的賈魯正道，也要浚淤四百餘里。那麼，賈魯河的分支金龍口沒有多大水量通過，自可不言而喻。

（三）金龍口的水道時常需用人力保持，非自然通流。

（四）初時知有利不知有害，故予以保留，至一四四八—一四五六年期間累修累決，才恍然於利少害多，斷然築塞。

（五）築斷早在一四五六年，劉大夏之築堤，事因再決，且在上游更加一重保證。

總而言之，由金大定中至弘治八年的三百一十餘年當中，黃河流入渤海都是間歇性的，不是持續性的，胡渭用「北流猶未絕」那種含糊句法來表示黃河長時期的變遷，已犯了分析歷史不清的大毛病。再看，劉健所撰的《黃陵岡碑》：

> 弘治二年，河徙汴城東北，過沁水，溢流為二：一自祥符於家店經蘭陽、歸德，至徐、邳入於淮；一自荊隆口、黃陵岡東經曹、濮，入張秋運河。……六年夏大霖雨，河流驟盛，而荊隆口一支尤甚，遂決張秋運河東岸，並汶水奔注於海。[224]

我們首先了解到，弘治八年治河後，河勢復歸蘭陽、考城，即是保留著二年所決祥符那一路；築塞黃陵岡、荊隆等

---

[224] 《整合·職方典》一四三。「六年夏」殆「五年夏」之訛。

口，即是截斷了東經曹、濮入張秋那一路。黃陵、荊隆兩處在前雖許有舊決口留存，像近世的串溝之類，但河水並不經常通流。這一次之為害，實由於二年的新決，六年的再決，築塞了新決的缺口，是黃河史上慣見的事，沒有充分理由可以列作一次大變。

其次，二年之決，只是沖入運河，並未沖斷運河，它的餘水當然南流會泗而入淮。六年沖斷運河，才由北方奔迸出海。我們更須曉得，賈魯的故道由荊隆口出曹、單而下徐州，宋禮引河復故道，自荊隆口下魚臺，出徐、呂會淮。天順七年金景輝也說，國初黃河有二支河，一由沙門注運河，一由金龍口達徐、呂入海（引見後），是經荊隆口的黃河也可南下會淮，不定是北入渤海。胡渭用北流字樣來表示性質不同的事件，又是分析不清的一個例子。

綜括一句，我們是毫無理由可以把弘治八年列作黃河一大變的。但胡氏的謬論，直至現在，仍未肅清，如張含英說：「河道五徙於一四九四年（弘治七年），三百年間治理不得其道，至劉大夏始築大行堤，使河南流。」[225] 又鄭肇經說：「自黃陵岡築斷而北流絕，大河正流乃奪汴入泗合淮，遂以一淮受莽莽全黃之水，河之一大變也。……世稱黃河大徙之五。」[226] 怎

---

[225] 《治河論叢》八六頁。
[226] 《水利史》四二頁。

樣叫做「徙」？以前的屢次奪潁、奪渦，變遷不為不大，為什麼不通通列作「徙」呢？「徙」的名稱，最要是限用於黃河的自然行動。如果施用人工挽河流使恢復其一部分的故道，這配稱作黃河大徙嗎？黃河奪汴，從嚴義來說，應劃分為好幾個時期，我在前節已有過說明，絕不是遲至弘治方開始「奪汴入泗」，鄭肇經的話也不能不作為「大徙」的要證。有人說，大徙的關鍵在北流斷絕，但照這樣說，則河的北徙，本上溯於至正二十六年（一三六六年），賈魯治河成功時是沒有的，為什麼不把一三六六年列作黃河大徙呢？

第四，黃河中下游竄擾至潘季馴治河時期。

弘治十一年（一四九八年），決歸德小壩、侯家潭等處，與黃河別支[227]會流，經宿州、睢寧，由宿遷小河口流入漕河；[228]

---

[227]　《水利史》說：「即白昂引汴入睢之道。」（四三頁）

[228]　《明史》八三「迨河決黃陵岡，犯張秋，北流奪漕，劉大夏往塞之，仍出清河口。十八年，河忽北徙三百里，至宿遷小河口……」一段，本抄自《實錄》，但因文字小有省略，便令讀者不易明白。《明武宗實錄》本作「初黃河水勢自弘治七年修理後，尚在清河口入淮。十八年，北徙三百里，至宿遷小河口。正德三年，又北徙三百里，至徐州小浮橋。今年（正德四年）六月，又北徙一百二十里，至沛縣飛雲橋，俱入漕河」（據《金鑑》二二引）。系以「入淮」與「俱入漕河」相對舉，其意即是修理之後，已不奪漕，其後又路續奪漕了。《明史》不應該省去「入淮」兩字的，而且作「十八年」，則與《明史》前文弘治十一年那一條不相照應。《淮系年表》九雜採《金鑑》及《實錄》，十一、十八兩年之下均書河由宿遷小河口入漕河，又是同一事之復出。

其小河口北抵徐州，水流漸細，[229] 徐、呂二洪唯賴沁水接濟。

十三年（一五○○年），丁家道口上下河決十二處，淤三十餘里。兗州知府龔弘奏：「今秋[230] 以來，王牌口（在歸德州迤北）分水不由丁家道口，而逆流東北[231] 至黃陵岡，又自曹縣入單縣，南連冀（虞誤）城。」[232]

正德三年（一五○八年），河西北徙三百里，[233] 至徐州小浮橋入漕河。

四年（一五○九年）六月，河又西北徙[234] 一百二十里，至沛縣飛雲橋入漕河。是時，南河故道淤塞，水勢北趨單、豐之

---

[229] 《明史》八三稱：「於是小河口北抵徐州水流漸細。」因為徐州在上流，小河口在下流，《明史》這句修辭不妥，令人看來難懂。黃河當日的正流從睢河出，所以由曹、單經徐州小浮橋那一支流漸細，如改為「於是徐州東南至小河口一段水流漸細」，便易於明白了。

[230] 據《弘治實錄》一五九，龔弘的奏疏系十三年二月所上，則「今秋」是十二年秋間事，《黃河年表》引《孝宗實錄》作十二年秋（九八頁），甚合。《曹州志》稱「今年八月以來」於十一年下（《利病書》三九），當誤。

[231] 丁家道口在商丘東北三十里（見前節），即黃陵岡的東南，「逆流東北」應改正為「逆流西北」。《金鑑》二一引《實錄》三月己巳條，作「不由丁家口而南至黃陵岡，入曹、單、虞城諸縣」，更與地勢不合。

[232] 見本《弘治實錄》訛冀城，《金鑑》二一所引不誤，《利病書》三九及《明史》八三亦作虞城。

[233] 《明史》作「北徙」，均應改正為「西北徙」。

[234] 同上。

間。[235] 同年[236] 九月，河北徙儀封小宋集，沖黃陵岡，入賈魯河，決曹縣梁靖、楊家二口，[237] 直抵豐沛；蘭陽、儀封、考城故道淤塞。[238]

工部侍郎崔巖奉命修理黃河，浚祥符董盆口、寧陵五裡鋪，引水由鳳陽達亳州。浚滎澤孫家渡，引水由朱仙鎮至壽州。又浚賈魯河及亳州故河各數十里。[239]

八年（一五一三年）六月，復決黃陵岡，自是，開封以南無河患，而河北徐、沛諸州縣，河徙不常。

嘉靖五年（一五二六年）六月，[240] 河溢，東北至沛縣廟道

---

[235] 《明史》八三，嘉靖九年潘希曾奏：「黃由歸德至徐入漕，故道也。……自弘治時黃河改由單、豐出沛之飛雲橋，而歸德之故道始塞。」但據各種記載，河出沛是正德初事，不是弘治間事；費宏說是正德末，也有錯誤。

[236] 《明史》八三於四年下作「明年」，唯《整合》引《江南通志》作「四年，河決曹縣楊家口，奔流沛縣」。又《金鑑》二二引《通漕類編》，四年，「河東決曹縣楊家口，趨沛縣之飛雲橋入運」。《明史》的「明年」應是「其年」之誤。

[237] 《淮系年表》九，楊家口在曹縣西，梁靖口在曹縣東南。《整合》二二四引鄭曉作梁靖口，徐恪疏同。又《利病書》三九引《曹州志》：「至四年九月，復決侯家窪，北徙三里至楊家道口……經曹縣，東南過單縣、豐縣，東南抵沛，由流（？溜）溝入運河。」按《永夏勘河工議呈稿》稱：「又自蕭家口築大堤至朱家集、平台集、侯家窪，斷其南溢會亭之水。」（《利病書》五四）侯家窪亦應是曹縣地方。

[238] 《利病書》三九引《曹州志》：「黃河自梁靖口東南至夏家道口，舊水賈魯河八十餘里遂淤塞。」

[239] 參據《金鑑》二二引《河南通志》。同上《曹州志》說：「所浚賈魯河亦隨淤塞。」

[240] 《明史》八三稱：「嘉靖五年……六年冬……是年……明年……其冬……七年正月，」依所敘顯多出一年。考《嘉靖實錄》八二，嘉靖六年十一月辛丑，章拯還京，由是知「六年冬以章拯為工部侍郎兼僉都御史治河」，乃「是年冬」之訛，「明年」才指六年。拯既還京，故「其冬以盛應期為總督河道右都御史」，《明

口，[241] 截運河注雞鳴臺口，入昭陽湖，[242] 汶、泗南下之水從而東，河之出飛雲橋者漫而北，淤數十里。[243]

史》八五也稱六年冬詔拯還京。後再檢《金鑑》二二引《實錄》，知拯繫於五年十二月丙子奉命治河。「六月」系據《世宗實錄》。《夏鎮漕渠志》：「丁亥決曹，由雞鳴臺入昭陽湖，廟道口淤，盛中丞應期……」（《利病書》四〇）丁亥是六年；又「先嘉靖七年河決沛縣」（同上），都因應期治河而始言之。

[241] 《利病書》三一引《徐州志》，沛縣北三十里為廟道口，又二十里為湖陵城。今圖，沛縣西北境有苗道口寨。又《水利史》說，是年六月，河「又決而南：一自開封經葛岡、小壩、丁家道口至徐州小浮橋，曰汴河；一自小壩經歸德城南飲馬池，抵文家集，經夏邑至宿遷小河口，曰白河；一自中牟至荊山合長淮，曰渦河」（四四頁）。按是時，河並沒有南決之事，試看同一年內，戴金請疏通小壩至宿遷小河，並賈魯河鴛鴦口、文家集各處的壅塞，楊宏請疏歸德小壩、丁家道口、亳州渦河、宿遷小河，便可反證《水利史》的文字，顯然抄戴金的奏疏；但戴金所說黃河入淮有三道，係指舊日的情狀，亦即同時費宏所說正德末以前的三支。鄭氏竟然誤以為是年河分三道南決，未免粗心。《明史》八三於明年（嘉靖六年）下又稱：「河決曹、單、城武、楊家、梁靖二口，吳士舉莊，沖入雞鳴臺，奪運河，沛地淤填七八里。」性質與本條很相似。因為《明史》這裡敘述年分的錯誤（見前注 82），我頗相信是記載重複。重複的原因，則由於《明史》在五年下既抄了《明會典》，六年下又再抄《續文獻通考》，但《續通考》作「六年」是錯的（《行水金鑑》二二及二三又《淮系年表》九也是同一事而復敘），所以不再採入。又嘉靖十五年，督漕都御史周金奏，「自嘉靖六年後河流盡南，其一由渦河直下長淮，而梁靖口、趙皮寨二支各入清河」。我們試綜合下舉三事：（一）六年章拯的奏請，（二）七年八月潘希曾報告趙皮寨開濬木通（參看《金鑑》二三），（三）十一年總河僉都御史戴時宗奏稱孫家渡、渦河口、趙皮寨、梁靖口四道，往年俱塞，今患獨鍾於魚臺，宜棄以受水，則周金所說六年後河流益南，顯非事實。唯十三年正月朱裳（代時宗任總河）奏：「今梁靖口、趙皮寨已通，孫家渡方浚，唯渦河一支，因趙皮寨下流睢州野雞岡淤正河五十餘里，漫於平地，注入渦河，宜挑濬深廣，引導漫水，歸入正河」，才是河流漸南及入渦的時候。周金身任總漕，所說又不過數年前事，而含糊如此，可見舊日的治河無功，半由於人事未盡。

[242] 《整合·職方典》七六九「沛縣」下稱，嘉靖四十四年，黃河北溢，昭陽湖湮。按《武昌圖》、昭陽湖在夏鎮和珠梅閘之北。

[243] 《淮系年表》九在五年下已敘其大致，復於《七年》下稱：「決河摯飛雲橋之水，北漫入昭陽湖，淤廟道口以下漕渠三十餘里。」然七年沒有河決，無疑是複述五年事。

六年（一五二七年），章拯奏滎陽北孫家渡、蘭陽北趙皮寨[244]皆可引水南流，但二河通渦東入淮，又東至鳳陽長淮衛，經壽春王諸園寢，為患叵測。唯寧陵北岔河一道，通飲馬池，抵文家集，又經夏邑至宿州符離橋，出宿遷小河口，自趙皮寨至文家集（今商丘之東稍南有文集）凡二百餘里，浚而通之，水勢易殺，乃命刻期舉工。[245]

八年（一五二九年），決溜溝太港，淤赤龍潭，飛雲橋之水北徙魚臺谷亭。[246]

九年（一五二九年）六月，河決曹縣胡村寺東，東南至本縣買家壩入舊黃河，由歸德州丁家道口至徐州小浮橋入運。又決胡村寺東北，分為二支：東南支經虞城、碭山合舊黃河出徐州；東北支經單縣侯家林至魚臺塌場口漫為坡水，由縣之谷亭鎮口入運。[247]

---

[244] 《小谷口薈蕞》稱蘭陽「西有趙皮寨，一名張祿口。」（《金鑑》五六）

[245] 《整合・山川典》二三五引《明會典》：「嘉靖九年……命官浚趙皮寨抵寧陵故道……尋以河流改遷罷役。」按《明史》八三又有「七年……乃別遣官浚趙皮寨、孫家渡……以殺上流」的記載，《明會典》這條顯然同一宗事情，唯「七」、「九」年分稍有不同，應是《明會典》的錯誤。《河南通志》稱：「嘉靖五年，都御史盛應期疏趙皮寨河弗就。」（《利病書》五〇）年分也錯，應期六年冬才總河，見前注82。

[246] 《利病書》四〇引《夏鎮漕渠志》。

[247] 據《金鑑》二三引《世宗實錄》。又同前《整合》引《續通考》亦作九年「河由單縣侯家林決塌場口，沖谷亭」。《夏鎮漕渠志》說：「嘉靖中河之入漕為便者凡六，其決口歷歷在谷亭、孟陽、湖陵、廟道口間，而唯庚寅（九年）北徙為害大。」（《利病書》四〇）

十一年（一五三二年），總河戴時宗請委魚臺為受水之地，言河東北岸與運道臨，唯西南流者一由孫家渡出壽州，一由渦河口出懷遠，一由趙皮寨出桃源，[248] 一由梁靖口出徐州小浮橋，往年四道俱塞，全河南（？東）奔，[249] 故豐、沛、曹、單、魚臺以次受害。今患獨鍾魚臺，宜棄以受水。至塞河四道，唯渦河經祖陵，未敢輕舉，其三支河頗存古蹟，故宜乘魚臺壅塞，逼使河水分流，並前三河共為四道以分洩之。

十三年（一五三四年）正月，總河朱裳奏今梁靖口、趙皮寨已通，孫家渡方浚，[250] 自趙皮寨支流開挑後，黃河大勢盡徙而南。一股自亳州渦河入淮，一股自宿州符離橋至小河口入運，魚臺、沛縣決口相繼自塞，梁靖口舊河注二洪之水，亦被挈而南。[251]

---

[248]　桃源指桃源縣（今改泗陽），跟丁家道口附近之桃源集相去約五六百里；由趙皮寨出桃源即注八七《明會典》所稱趙皮寨抵寧陵之道，亦即戴金所謂白河。《水利史》竟改為「由趙皮寨出桃源集」（四五頁），實犯了嚴重的錯誤，參下注99。至《利病書》三一載嘉靖十五年李如圭奏：「黃河先年由河南蘭陽縣趙皮寨地方，流經考城、東明、長垣、曹、蕭等縣，流入徐州。」那又指賈魯故道，跟趙皮寨抵寧陵之道無涉，我們不要因文面相近而誤會。《金鑑》一六一引《看河紀程》，白河在商丘縣南五里，源自歸德馬牧，分流於永城，達於小河口。

[249]　《金鑑》二三引《實錄》戴時宗奏亦作「南奔」，唯十三年正月下引朱裳等奏作「全河東奔」，「南」字顯是筆誤。

[250]　《明史》八三。

[251]　利病書》三一載嘉靖十六年於湛疏。又四〇引《夏鎮漕渠志》，十二年「癸巳冬，趙皮寨河流南向亳、泗、歸、宿者驟盛，東向梁靖者漸微，梁靖分河東出谷亭之流遂絕」，也可互參。

河自趙皮寨南徙，由蘭陽、儀封、歸德、寧陵、睢州、夏邑、永城經鳳陽地方入淮，[252] 谷亭流絕，[253] 廟道口復淤。[254] 已而河忽自夏邑大丘（在永城南）、回村等集沖數口，轉向東北流，經蕭縣下徐州小浮橋。[255]

十四年（一五三五年），總河劉天和自曹縣梁靖口東岔河口築壓口縷水堤，復築曹縣八裡灣至單縣侯家林長堤八十里。[256]

---

[252]　據《利病書》三一引嘉靖十五年李如圭奏，亦即朱裳所奏趙皮寨下流注入渦河之事，參看前注 83。

[253]　據嘉靖十二年朱裳奏：「自梁靖口迤東經魚臺入運河，謂之岔口。」（《金鑑》二三引《世宗實錄》）又明劉堯誨（嘉靖末人）《治河議》：「嘉靖甲午（十三年）間，黃河徙蘭陽寨口，直趨亳、泗、歸、宿，不復入於徐。」（《整合·山川典》二二七）劉天和《問水集》：「嘉靖甲午冬十月，趙皮寨河南向亳、泗、歸、宿之流驟盛，東向梁靖之流漸微，梁靖岔河口東出谷亭之流遂絕，自濟寧南至徐、沛，數百里間運河悉淤。」（《金鑑》二四）把各條比合觀看，才易明瞭當日河變的真相。《問水集》又稱天和躬行相度，「自趙皮寨東流故道凡百二十餘里而至梁靖，河底視南流高丈有五尺，自梁靖岔河口東流故道凡二百七十餘里而始至谷亭，已悉為平路。」至嘉靖十五年總河李如圭《治河疏略》稱：「近年自趙皮寨南徙，由蘭陽、儀封、歸德、寧陵、睢州、夏邑、永城等州縣，經鳳陽地方入淮。」（同上《金鑑》）「近年」即指十三年。

[254]　問水集稱：「嘉靖戊子（七年），沛縣廟道口淤三十里，舍漕河而開新河……卒於中止，仍浚漕河以通舟。」（《金鑑》二四）實即承著五年河決那一回事。

[255]　《利病書》三一載十六年於湛奏，符康河淤，漫流北溢，泛夏邑縣山西坡，仍於小浮橋注二洪，連年運道得以不阻，今山西坡水道亦復淤墊中高，即指此事。張了且的文於「成化十一年」下記稱：「河決夏邑縣北，經永城太丘、回村集，徑蕭縣出徐州小浮橋。」不知根據什麼材料，細看實是嘉靖十三年事的錯編，應刪除。

[256]　《水利史》於嘉靖七年下批評潘希曾說：「自八里灣以及侯家林上下八十里缺而未合，論者惜之。」（四五頁）下文又稱，十四年劉天和「接築曹縣長堤八十里」（四六頁）。按天和所接築，即完成希曾未竟之工，而《水利史》沒有明白指出，很容易令人誤會始終「缺而未合」。何況在希曾後僅七年便已築成，而此長堤對河工又無怎樣大影響，則論者惜之」的話，未免是多餘的批評了。

十六年（一五三七年）六月，決儀封三家莊，由考城趨歸德城下。又決歸德北岸鄭家口，亦趨歸德，二水俱經曹村口入北黃河下二洪。又決睢州南岸地丘店、界牌口二處及寧陵楊驛鋪，俱南入亳州渦河。睢水自飲馬池以下淤一百八十里。總河於湛於地丘店、野雞岡口上流開一河，通桃源集[257]舊河故道，東北至丁家道口入舊黃河，將趨渦之水，截入北河以濟二洪。[258]

十七年（一五三八年），[259]總河胡纘宗開考城孫繼口、[260]孫祿口（今民權縣東南有孫六口）黃河支流，以殺歸、睢水患。

十九年（一五四〇年）七月，[261]河決野雞岡，由渦河經亳州入淮，[262]舊決口俱塞。其由孫繼口至丁家道口、虞城入徐、呂者，僅十之二。[263]

---

[257] 與桃源縣不同，參前注 90。

[258] 據《利病書》三一載於湛奏。

[259] 《金鑑》二四引《實錄》，十八年正月乙酉（十六日），纘宗疏言新開各支流，故依《淮系年表》九移入十七年；《明史》八三作「十八年」，系據報到之日。

[260] 依《明史》八三。考城屬睢州，故《整合》引《明會典》說：「浚睢州孫繼口至丁家道口淤河五十里。」

[261] 月分據《明史》八五。

[262] 張了且的文稱：「弘治十九年（一五〇六年）河決睢州之野雞岡，由汴河入淮，於是開李景高口支河，引水出徐，閱二年復溢。」按弘治無十九年，一五〇六年即正德元年，再比觀本書嘉靖二十一年的紀事，張氏顯是將嘉靖十九年的事誤記為弘治十九年。

[263] 《整合》二二四引鄭曉：「黃河自野雞岡而下，分為二股；其自東南渦河而行者則為河身，其自孫繼口出徐州小浮橋者則為支流。」大約即指此時之黃河情狀。

　　二十一年（一五四二年），督河王以旂等於野雞岡上流，浚孫繼口、扈運口及李景高口三支河、由蕭、碭以達小浮橋，凡六百餘里，濟徐、呂二洪。[264] 未幾，李景高口復淤（屬儀封）。

　　二十四年（一五四五年），由野雞岡決而南，至泗州會淮入海，遂溢蒙城、五河、臨淮等縣。[265]

　　二十六年（一五四七年）[266] 七月，河決曹縣，漫金鄉、魚臺、定陶、城武，沖谷亭，是後南流故道始盡塞。[267]

　　三十一年（一五五二年）九月，[268] 河決徐州房村（徐州東南岸有房村）至曲頭集（在睢寧縣），凡決四處，淤四十餘里。[269]

---

[264]　參據《金鑑》二四引《蕭縣誌》。《黃河年表》（一〇六頁）復敘於二十和二十一兩年之下。

[265]　據《整合》引《明會典》。

[266]　據《明史》一八及八三。《水利史》於二十四年下稱「俄忽復決而北，至曹縣入谷亭，自是河流北趨」，又稱，「二十五年（一五四六年），河又決曹縣，水入城二尺，漫單縣、金鄉、魚臺、定陶、城武，沖谷亭」（四七頁），顯是將一年之事，誤分作兩年敘出。又《明史》八四楊一魁奏：「嘉靖二十五年後，南流故道始盡塞。」《水利史》誤以為二十五年事，《金鑑》二五引《明會典》作二十五年（即《水利史》所本）是錯的，而且倒「城武」為「武城」（《金鑑》一五六引《明副書》，也作「二十五年，又溢曹縣，溢入武城……」）。《歷代治黃史》四於二十五、二十六兩年均稱決曹縣，也是復出，那本書敘事的錯誤很多，不一一糾正。

[267]　末句據楊一魁的話，見前條一〇八。

[268]　金鑑二五引《實錄》作「八月乙未」但是年八月辛亥朔，月內無乙未。又《利病書》四〇引《夏鎮漕渠志》，「辛亥房村之決」，辛亥是三十年，「癸丑決房村、新集」，癸丑是三十二年，都是錯誤的。

[269]　參據《整合》引《明會典》。

三十六年（一五五七年），河決原武，經流山東，決開北大堤，由城武、金鄉入運。[270]

三十七年（一五五八年）[271]七月，曹縣新集淤，河決東北，趨單縣段家口，析而為六，曰大溜溝、小溜溝、秦溝（在豐縣東三十里華山之北）、[272]濁河、[273]胭脂溝、飛雲橋，俱由運河至徐洪。[274]又分一支，由碭山堅城集（在碭山西南）下龐

[270] 據《整合》引《兗州府志》，張了且的文也稱三十六年原武判官村河決。唯《利病書》五〇作三十八年七月河決原武判官村，《淮系年表》九從之，疑《利病書》訛「六」為「八」。

[271] 《整合》引《兗州府志》誤作二十七年。

[272] 據《錐指》四〇下「又東逕豐縣南」句的注。《淮系年表》九作「華山之南」。按華山在豐縣東南，見《金鑑》五八，又依下注一一六引《利病書》，濁河會漕在秦溝會漕之南，則濁河整個水道必落在秦溝南邊無疑。考《徐州府志》，「濁河在豐縣南五里，一名白洋河」（據《職方典》七六九引），而《淮系分圖》二三所繪秦溝大河，以比例尺計之，應在豐縣南五里以上，是秦溝水道反落在濁河之南，故疑《年表》九及《分圖》二三均有錯誤。複檢嘉靖末朱衡奏稱，「今幸出秦溝，直境山南五里所」（見注一二四），與注一一六《利病書》之說相符。

[273] 《明史》八四，萬曆二十七年劉東星奏「嘉靖三十七年，北徙濁河」，這是狹義的濁河。若下文萬曆三十二年工部奏疏的濁河，則是廣義的濁河，《方輿紀要》稱豐縣東南有濁河口，其餘可參注 116 及 130 條。

[274] 《郡國利病書》三一稱，泗水由沛縣至謝溝入州境，十里至留城，二十里為皮溝，十里為夾溝，五里受北溜溝水，三里受境山溝水，對岸受南溜溝水，五裡受秦溝水，五里又受濁河水，十里為秦梁洪，十七里為三里溝，三里至徐城東北，受汴水合流。《徐州府志》所記里數略異，除謝溝外，均多差十里；又稱「南溜溝為北溜溝分流」（參《淮系年表》九），則北溜溝似即大溜溝，南溜溝即小溜溝，唯胭脂溝未詳。再者，《金鑑》一六三稱，秦溝（口）在徐州東北三里，依前引《利病書》，應是「三十里」之筆誤。漕河受濁河水處即茶城。

家屯、郭貫樓，析而為五，日龍溝、[275] 母河、[276] 梁樓溝、楊氏溝、胡店溝，亦由小浮橋會徐洪。[277] 其新集至小浮橋故道二百五十餘里不可復，遂淤。[278] 自後河忽東忽西，靡有定向。

四十三年（一五六四年），黃河統會於秦溝，餘六股皆淤。[279]

四十四年（一五六五年）七月，河決蕭縣（西六十里）趙家圈，[280] 泛溢而北，至豐縣南（二十里）棠林集，[281] 分為二股。南股繞沛縣戚山（在縣西南三十里）入秦溝；北股繞豐縣（東

---

[275]　萬曆二十五年，楊一魁疏：「開唐家口而注之龍溝，會小浮橋入運。」（《金鑑》三九）《整合・職方典》七六九稱，龍溝在徐州西北三十餘里。

[276]　萬曆二十七年劉東星疏：「朱家窩東北有母河舊渠。」（《金鑑》四〇）

[277]　《整合》引《江南通志》：「向東北沖成大河，出蕭縣薊門，由小浮橋入洪。」

[278]　《水利史》說：「河自賈魯治後，至嘉靖三十七年北徙，中間二百餘歲，雖漫溢靡常，終歸故道。」（四八頁）好像三十七年前河尚走賈魯的。其實二十六年決曹縣，沖谷亭，三十六年由金鄉入運，北徙已久，賈魯故道的中段也早有淹沒，《明史》這兩句不過指示淤塞之程度，更加屬害，難以恢復罷了。

[279]　據《整合》引《江南通志》。《水利史》四十三年下稱：「已而北出之六股皆淤，河由溜溝入漕。」（四八頁）當是根據汪道昆撰《陳堯墓誌》的「會黃河由溜溝入漕」（《金鑑》二五引一《蕭縣誌》作「統會於秦溝」，同書二九引《神宗實錄》也稱「四十四年，河大決，改由秦溝出口，以致茶城歲患淤淺」又同書三四引《河防一覽》：「嘉靖四十一、四十二年，黃水由大小溜溝會漕於夾溝驛南……四十四年，大小溜溝淤斷。」那麼，四十三年時似非由溜溝入漕。《淮系年表》九在四十三年下稱，「按本年大河會漕於夾溝驛之南」，疑是誤讀「一二」為「三」字。

[280]　本條大致據《淮系年表》九引《方輿紀要》。《水利史》稱「趙家圈在蕭縣西二十里」（八四頁），當是筆誤。

[281]　《淮系年表》疑《紀要》作曹縣之誤；從地圖上觀之，黃河似斷不能逆流至曹縣，且東隔豐縣太遠，所疑是不錯的。《利病書》四〇引《夏鎮漕渠志》已誤作「曹縣」。

南）華山漫入秦溝，[282] 同下徐洪。其北股復自華山向東北分出一大股，出沛縣飛雲橋，更散為十三支，或橫截，或逆流入漕河，至湖陵城口，散漫湖坡，運道淤二百餘里。未幾，復決新集及龐家屯，亦東出飛雲橋，其碭山郭貫樓一支遂淤塞。[283]

四十五年（一五六六年）六月，工部尚書朱衡依嘉靖總河盛應期開鑿之故跡，開昭陽湖東新運河，自魚臺南陽閘引水經夏鎮，抵沛縣留城，凡百四十二里，[284] 避河衝。又浚舊河，自

---

[282] 《明史》八三朱衡奏：「改從華山，分為南、北二支，南出秦溝，正在境山南五里許。」

[283] 《整合》引《明會典》：「四十四年，郭貫樓淤，遂決華山，出飛雲橋截沛以入昭陽湖，北泛胡陵城、孟陽泊，至谷亭，南溢於徐。」又《整合》二二七引雷禮《夏鎮河工成記》：「嘉靖四十四年秋七月，黃河大水異常，淤塞龐家屯，從華山入飛雲橋，分七股奔趨沛，自谷亭至境山舊運河數百里，遍成巨浸。」又《河防一覽》稱：「是年七月，河水大淤，全河南繞沛縣戚山入秦溝，北繞豐縣華山漫入秦溝，接大小溜溝，氾濫入運河，至湖陵城口，漫散湖陂，從沙河至二洪。」又萬恭《治水筌蹄》稱：「北向分二股；內南之一繞沛縣戚山、徐州楊家集入秦溝，至徐州北。一繞豐縣華山北，又分二股；南之一自華山東馬村集漫入秦溝，接大小溜溝，氾濫入運河達徐。北一大股自華山向東北，由三教堂出飛雲橋，而又分十三股，或橫截，或逆流入漕河，至湖陵城口，漫散湖坡達徐。」（《金鑑》一五七）又《利病書》四〇引《夏鎮漕渠志》：「乙丑秋……龐家屯沙淤斷流，水俱入此股（即秦溝），至曹（豐誤）縣棠林集以下，向東分流二股，又分一股向東南流，至戚山以下，三水合為一，向東北流，併入飛雲橋趨沛，沖入運河，散漫湖陂，從沙河至徐、呂二洪，無復漕渠之跡。盡下流龐家屯一淤，水遂逆流，實由新集正道先淤，水無所容。」因為當日河道情形很混亂，所以記載也不一致，參合來看，大致自明。泗水經魚臺至沙河入沛縣境為沙河渡，又二十里為湖陵城（《利病書》三一）。

[284] 里數據《整合》引《吉安府志》。《元和志》九徐州沛縣：「故留城在縣東南五十五里。」

留城以下，抵境山、茶城 [285] 五十三裡， [286] 與黃河會，並築石
堤遏河之出飛雲橋者，專趨秦溝以入洪。九月，水南趨秦溝，
飛雲橋始斷流。 [287]

　　隆慶元年（一五六七年）正月，河南沖濁河雞爪溝入
洪。 [288]

　　三年（一五六八年）七月，河決沛縣，自考城、虞城、
曹、單、豐、沛抵徐州，俱受其害，茶城淤塞。 [289]

---

[285] 《元和志》九「徐州彭城縣」：「故坨城在縣北二十六里……兗州人謂實中城曰
　　坨。」彭城即今銅山縣。《錐指》三二：「今徐州北有坨城，坨音茶。」《水利
　　史》：「茶城在徐州治北三十里，會漕處名濁河口。」（五〇頁）又境山距茶城
　　十里（《明史》八五），在徐州北四十里，其下為境山溝，即地崩溝（《利病書》
　　三一），《職方典》七六九作徐州東北二十里，似不正確。

[286] 引文與注 126 同。《夏鎮漕渠志》稱，「復留城至赤龍潭舊河」。

[287] 《利病書》四〇引《夏鎮漕渠志》。

[288] 此據萬恭《治水筌蹄》。《明史》八四，「至嘉靖末，決邵家口，由秦溝出濁河
　　口入運河」（《方輿紀要》，豐縣西南有秦溝口，亦曰邵家口）。《明史》八三，
　　「始河之決也支流散漫遍陸地，既而南趨濁河」。又《紀要》稱，嘉靖四十五年
　　河決邵家口，出秦溝入運，均是同指這一回事，只放在嘉靖末，比隆慶初小異
　　而已。《河防一覽》說：「隆慶元年，黃河南徙秦溝，會漕於梁山之北。……二
　　年，黃河沖塞濁河，改至茶城與漕交會。」（據《金鑑》三四）因為那時季馴已
　　丁憂去任，故與萬恭所言不符；嘉靖四十四年已南徙秦溝，隆慶元年應是南徙
　　濁河。又濁河會漕處即茶城（參前注 127），既說「沖塞濁河」，又說「改至茶
　　城」，恐怕也不實不盡（參下注 131）。
　　　其次，《徐州府志》說：「隆慶初，黃河自秦溝迤而南，遂為濁河，其後河復舊
　　流，濁河亦塞。」（據《淮系年表》一〇引）《年表》一〇因於隆慶元年書，「河
　　自秦溝迤南沖濁河一道」，說來都好像隆慶元年才有濁河，很易引起誤會；早
　　在嘉靖三十七年已沖成濁河，本年不過是黃河正流由秦溝轉入而已。

[289] 茶城淤塞即前條注引《徐州府志》之「濁河亦塞」，《明志》也稱，茶城淤塞，濁
　　河口淤沙旋疏旋壅，可見《河防一覽》「改至茶城」句之難通。《夏鎮漕渠志》：
　　「境山舊有閘……運舟從此泝濁河入茶城口，隆慶迄萬曆初，茶城口凡三淤，

四年（一五七〇年）八月，[290] 河決邳州，正流自睢寧曲頭集起至宿遷小河口淤百八十里。[291]

五年（一五七一年）四月，因茶城至呂梁黃水為淮水所束，不能下，復決邳州王家口；[292] 自靈壁雙溝（靈壁北境，在南岸）而下，北決三口，南決八口，[293] 大勢下睢寧出小河，而匙頭灣（邳城地面）八十里正河悉淤。

萬曆三年（一五七五年）八月，河決碭山及邵家口（豐縣）、[294] 曹家莊、韓登家口而北，淮亦決高家堰（淮陰縣西南四十里）而東。

四年、五年（一五七六－一五七七年）之秋，河屢決崔鎮

傅公御史即境山南建梁境閘，其下地崩溝……」（《利病書》四〇）傅即總河傅希摯，建梁境閘當在萬曆三年，《淮系年表》一〇以為十一年凌雲翼才改名梁境，是否待考。

[290] 據馮敏功《開復邳河記》（《利病書》二七），《明史》一九及〈河渠志〉作九月，是報到之日。

[291] 同上馮敏功《開復邳河記》。《明會典》：「又決邳州，注睢寧，出小河口。」（《金鑑》二六）《整合》引《江南通志》：「隆慶四年九月，河決睢寧縣曲頭集、王家口、馬家淺等處。」按隆慶二年張守約奏稱，徐州青田淺，呂梁至曲頭集六十里，直河至宿遷小河口七十里，小河口至桃源清河一百四十里（同上《金鑑》）。青田淺，《利病書》三一引《徐州志》同，馮《記》作青羊。

[292] 此據《明史》八五。

[293] 南決諸口內有曲頭集、馬家淺、王家口、白糧（浪）淺等處，北決口有直河，見馮敏功《記》及《金鑑》二六引《明史紀事本末》，並參前注133。雙溝在徐州東南九十里，見《整合・職方典》與七六九。直河西至邳州五十里，見《利病書》二七引《淮安志》。

[294] 參前注130。

（屬桃源，即今泗陽縣北）。[295] 四年秋，又決曹、豐、沛三縣，淹及單、金鄉、魚臺、徐州、睢寧等處。

五年（一五七七年），秦溝淤，河自崔家口歷北陳、雁門集等處至九里山，出小浮橋，其一支自九里溝、諠安山歷符離，出小河口，而崔鎮大決。[296]

七年（一五七九年）十月，工部左侍郎潘季馴治河工成，計築高家堰堤六十餘里以蓄淮刷黃，歸仁集遙堤四十餘里，[297] 截睢水入黃河，馬廠坡（在桃源南岸，見《河防一覽》）遙堤四裡餘以阻黃淮出入之路，塞崔鎮等決口五十四。[298] 高堰初築，清口方暢流，連數年無大患。季馴又請復新集至小浮橋故道，因廷臣等不可而止。

這一期時間最長，計至萬曆七年（一五七九年）止，共八十四年，並不是一個顯然劃分的時期。不過潘季馴治河的策略和功績，很為清代 —— 甚而近年的學者及治河人員所讚

---

[295]　《明史》八四，萬曆五年陳世寶奏：「近者崔鎮屢決。」吳桂芳奏：「自去秋河決崔鎮。」又五年八月復決崔鎮。《明史》二〇則稱四年秋決崔鎮，八月復決。至如《整合》引《續通考》，六年決崔鎮，尤其《錐指》四〇下引《河渠考》，隆慶四年決崔鎮，似乎均有錯誤；其實崔鎮決後未塞，故洪水屢次沖出，這種情形，可從申時行作《季馴傳》，「丁丑（萬曆五年）河決崔鎮，淮決高家堰，橫流四溢，連年不治」見之。《金鑑》一六一引《看河紀程》，崔鎮西南約二十里為古城，又距南岸之桃源三十里。古城西南八九里之對岸為白洋河。

[296]　《金鑑》二九引《明會典》。

[297]　自歸仁集東至桃源於家岡約五十七里（《利病書》三四引《泗州志》）。

[298]　此據《河防一覽》，《明史》八四作「百三十」。

頌，因此，我們不得不將它劃分出來，以便比較、考量季馴治河的成果。

劉大夏著重的地方，大致在當日河南的東部及直隸的南部，只就黃河常常為患的區域來說，可以稱作「中游」（不是全河的中游）；再往東去便是下游。嘉靖中葉（自十八年至二十四年），歸（商丘）、睢雖一度受害，但最慘的及長期的還是下游的上段，北而曹、單、金鄉、魚臺，南而豐、沛、徐州、碭山，在這一個大區域裡面，或南或北，隨時竄擾，跑到南邊去，不幾年又到北邊，轉從北邊來，不幾年又跑回南邊。用句簡單話來表示，就是黃河度不慣被壓迫的生活，所以屢屢跳槽了。堅固堤防未嘗不可收多少臨時的效果，然而這種效果是有限期性的，光靠堤防而不謀別的方法來補救，那並不是治河持久的完善方法。

第五，季馴治河後大勢轉竄上游以迄明末的時期。

萬曆十年（一五八二年），秦溝淤。[299]

十五年（一五八七年），[300] 河決祥符劉獸醫口、蘭陽銅瓦廂，又決封丘金龍口，沖決長垣之大社集（長垣、東明二縣幾

[299]　據《利病書》四〇引《夏鎮漕渠志》。
[300]　《河南通志》：「萬曆五年秋八月，決劉獸醫口。」檢各書都沒有這段記事，當是
　　　　十五年的錯誤，張了且文及《黃河年表》同。又《錐指》四〇下「封丘縣」稱，
　　　　「萬曆五年決荊隆口」，也是「歷」下漏去「十」字。

至漂沒），並潰曹縣白茅村長堤。[301]

十七年（一五八九年），河決獸醫口，漫李景高口，入睢陳故道，又沖入夏鎮（在呂孟山之北）內河。復決雙溝及單家口（南岸，在靈壁）。[302]

二十一年（一五九三年）五月，河決單縣黃堌口。[303]一支由虞城、夏邑、永城接碭山、蕭縣、宿州、睢寧至宿遷出小河口、白洋河（在歸仁集北）；[304]一小支分蕭縣兩河口，出徐州小浮橋，相距不滿四十里。[305]魚臺、鉅野、濟寧、汶上皆被

---

[301] 本條參據《整合》引《續通考》及《兗州府志》。《河防一覽》說：「長垣、東明二縣舊有長堤一道，延亙一百三十里，東至山東曹縣白茅集，西至河南封丘縣新豐村止，堤外即有淘北河一道，相傳即黃河故道也。萬曆十五年，河由……荊隆口決入，挾淘北河沖決本堤之大社口。」（《金鑑》三二）《續金鑑》三引《清一統志》，今有淘北河，一作淘背河，在長垣縣南三十里，東流抵紙坊集入河。

[302] 末句據《整合》引《續通考》。

[303] 《利病書》三六引《谷山筆塵》：「萬曆丙申，黃堌河決，由賈魯河故道出符離集等處。」丙申是二十四年，應作萬曆癸巳才合。《春明夢餘錄》作「萬曆戊戌」，亦誤，並參下注 151。

[304] 據張兆元（當時的管河同知）《黃堌口歸仁堤考》：決口經虞城孔家樓，入碭山劉家集、王家橋九十餘里，又至狐父橋十里，是黃河故道。又至蕭縣界三十里，又入盤岔河至兩河口七十三里，再由山西坡、瓦子口入永堌湖，至宿州徐溪口七十餘里，又至符離橋、時村一百一十里，又經靈壁孟山、睢寧廟灣口、宿遷耿車至小河口，俱三十里，小河口迤南有白鹿、邸家二湖（《金鑑》三八）。又萬曆二十五年八月楊一魁疏稱：「今黃河南徙，至韓家道、盤岔河、丁家莊，俱兩岸闊百丈，深逾二丈，名曰銅幫鐵底，故道也。劉家窪始強半南流，得山西坡永涸湖以墊，出溪口入符離河，亦故道也。」（同上三九）同年九月一魁又疏稱：「歸仁之北有白洋河，朱家溝、周家溝、胡家溝、小河口洩入運河，勢如建瓴。」（同上）宿遷至白洋河四十里（同上六〇），並參注 137。

[305] 據萬曆二十四年楊一魁的奏疏。

水。[306]

　　二十四年（一五九六年）十月，總河楊一魁開桃源黃家
壩 [307] 新河，起黃家嘴（桃源東南十餘里），至安東五港 [308]（今
漣水東北）、灌口，長三百餘里，分洩黃水入海；闢清口沙七
里。[309]

---

[306]　據《整合》引《續通考》。又《永夏勘河工議呈稿》稱：「自黃堌口決後，水向
　　　南行，至楊家口，向東行，至趙家口後，遂出東北行。」（《利病書》五四）趙
　　　家口即趙家圈，屬蕭縣，又萬曆三十四年工部奏裡面有蕭縣楊家樓（《金鑑》
　　　四三），怕就是這一個楊家口。

[307]　《明史》八四訛為「黃河壩」。《金鑑》六〇引《薈蕞》，新河「自三義鎮上起，由
　　　毛家溝等處達灌口下海」，並參下二條注。

[308]　《利病書》二七引《淮安府志》，五港口在安東東北七十里，當團墟河、七里
　　　河、官河、遏蠻河五水會處，故名。

[309]　《水利史》於本年下曾批評一魁，它說：「黃不能入海，淮不能出口，上流徐、
　　　沛淤滿，南北橫流，飲鴆止渴於一時而貽患無窮矣。」（六〇頁）按《明史》
　　　八四於「二十七年」下稱「徐、邳間三百里河水尺餘，糧艘阻塞」，是當日徐、
　　　沛無「滿」的現象，鄭書無非先挾有潘季馴為明代唯一能治河的人的成見，所
　　　以對於季馴前後的人物，都加以詆毀，持這樣態度來批評，是很難得公允的。
　　　明《泗州志》：「自黃家口而下，至漁溝、浪石，由安東北俱疏為河身，歸五港
　　　口，使獨入海，不趨清口，逼淮令得縱出。」（《利病書》三四）灌口與雲梯關
　　　相去三十餘里。其次，最要辨明的，葉方恆《全河備考》稱：萬曆二十五年，
　　　「河復決單縣之黃堌口，溢于河南之夏邑、永城界，經宿州之符離橋，出宿遷
　　　之新河口，入大河，半由徐州入舊河濟運，而二洪告涸」（《金鑑》引作《南河
　　　全考》）。《明史》八四（記在是年四月下）、《金鑑》三九都沒有經過審查，便
　　　行採錄。我初時也信以為真，後來詳閱《金鑑》的前後文，才覺得黃堌自萬曆
　　　二十一年五月決了以後，黃河一直從決口經行，總漕褚鈇等主張要塞，總河楊
　　　一魁等主張不必塞，兩派正在爭持不決，所以《明神宗實錄》於「二十五年」下
　　　稱：「正月壬寅，時河決黃堌口，有言宜塞者，有言不可塞，不易塞，不必塞
　　　者，議未劃一。」（同上《金鑑》引）既然未塞，那能說複決？如果真復決，則
　　　褚鈇一派更大有藉口，楊一魁哪能再行堅持？葉氏大概誤會「時」字，故以為
　　　二十五年又決，但看他所記潰河經過的地方，完全和二十一年所記一樣，而別
　　　的一等史料都沒有說及，那可證明他是一事復敘。又《實錄》二十五年四月下

二十九年（一六〇一年）七月，[310]河決商丘蕭家口，[311]全河東南注，商丘南岸蒙牆寺[312]移為北岸。[313]一由夏邑、永城、宿州，仍出白洋河、小河口；一由沙崗、固鎮、五河與淮河合流。至三十年，盡由沙商（崗）河、泡澮河與淮合而為一。[314]黃固斷流，時李吉口[315]淤墊日高，北流遂絕。

有「已醜，自河決黃堌，總河尚書楊一魁議開小浮橋……」一條，「自」是追溯到二十一年，葉氏漏讀「自」字，遂誤為「二十五年四月復決」。再觀《實錄》「二十五年九月丁巳」條：「楊一魁言今歲春間呂梁二洪淺涸，皆歸咎於黃堌南徙……漕臣褚鈇謂黃堌未塞，全河不來。」可見得這一年二洪之涸，系由河水大部走向黃堌，出徐州的止一小支，並不是因黃堌再決。葉氏不了了於當日情形，又增多一重誤會。總之，方子恆所著的《全河備考》，錯誤的地方很多，我們參考時候最要提防著。此外如東兗道楊某《論黃河事宜》稱「二十五年河決單縣之黃堌口」（《利病書》三九），明《泗州志》稱「萬曆二十三、四年間黃堌又大決（同上三四），與及《黃河年表》（一二一頁）所引的「山東」河《江南通志》，都由於措辭含糊或記載失實所引起的誤會，這裡無須一一辨正。

[310] 此是張問達接河南巡撫曾如春的揭報（《金鑑》四〇引《續通考》），最可信。東兗道楊某《論黃河事宜》，「二十九年冬複議塞黃堌……明年春複決於上流蒙牆寺」（《利病書》三九），《全河備考》稱三十年三月（《金鑑》四一），都是錯的。

[311] 《淮系年表》十說「蕭家口在黃堌西數十里」。按《明史》八四，是年張問達奏稱：「蕭家口在黃堌上流，未有商舟不能行於蕭家口而能行於黃堌以東者。」亦蕭家口在黃堌西之證。

[312] 《年表》十說：「在商邱東北三十里。」

[313] 《金鑑》四〇引《世宗實錄》。

[314] 參據《王家口河工記》及《河工繳冊稿》（均《利病書》五四）。又《永夏勘河工議呈稿》稱，河徙蒙牆，自徂冬消落之後，始於文家集之上，平台集之下，分為三四股；西南一股經石榴堌、馬腸河、龍煥集、固鎮驛入會河，至五河縣地歸淮，餘旁溢者仍入永城。東南一股即為白河，狹可三四丈，經桑堌集、何家營，離夏邑城七八裡，至胡家橋永城口城出白洋河。東北一股是向水河，至桑堌集與白河會。白河至何家營以下無河身，與前水並歸永城。何家營上約七八裡為苗家橋，苗家橋上距平台集八十里（同上），敘述更為詳細，依文來看，何家營似是夏邑地方。

[315] 李吉口在黃堌之下游，下去碭山堅城集三十餘里。又據前引《勘河工議呈稿》，

三十一年（一六〇三年），總河曾如春開挑王家口 [316] 新河；[317] 四月，新河水漲，沖魚、單、豐、沛。[318]

七月，[319] 河大決單縣蘇家莊 [320] 及曹縣縷堤，又決沛縣，

李吉口正對司家道口（屬碭山），司家道口東北為苗家橋，苗家橋之下七八裡為何家營。《淮系年表》一〇則稱：「李吉口在單縣東南四十里，西去黃堌口二十里，南去碭山縣五十里。」又《續通考》，萬曆二十五年楊一魁奏稱：「今若空碭山一邑之地，北導李吉口下濁河，南存徐溪口下符離，中存檔岔河下小浮橋，三河並存，南北相去約五十里，任水遊蕩，以不治治之。」

[316] 據《明史》八四，這個王家口在蒙牆寺之西，《金鑑》四三引工部奏作「曹縣黃（王）家口」，當不誤。《淮系年表》十說：「一云在虞城。」按虞城處商丘之下游，即蒙牆寺之東，顯有不合。後再檢得朱思明《王家河口工記》稱，如春「博訪土人，僉謂開王家口便，遂商謀於山東……公議於曹之明倫堂」，《永夏勘河工議呈稿》稱，「乃若王家口又可以易言哉，假道鄰封，似居已於逸」（均《利病書》五四），東克道楊某《論黃河事宜》稱，「於曹縣黃（應作王）家口開生地二十四裡」，又《曹縣誌》稱，「開曹境中地若干裡」（均同上三九），曹時聘疏的「即曹縣之王家口」（《金鑑》四三引《神宗實錄》），都是王家口屬曹縣之確證。若《河工繳冊稿》所稱，「河南首關王家口生地十二裡」（同上五四），則因王家口地方接入豫境之故，看前人文字有時總不能太過拘泥的。

[317] 新河所經，據上引《河工繳冊稿》，「河南首關王家口生地十二里，挑徐家口以下舊河身十二里，山東挑下劉口以下至（單縣）蘇家莊六十餘里，南直隸挑（碭山）堅城集以下至鎮口百餘里」，又《永夏勘河工議呈稿》稱，至徐家口深開十二里，至孫家灣量疏三十六里，自此以下，至張禮口、李吉門，入堅城、鎮口。《水利史》說：「長約二百里，直抵鎮口。」（六〇頁）關於這一點，可參看下注 167。鎮口所在，據《河防一覽》說，萬曆十一年，「改漕河於古洪出口，即今之鎮口閘河也」（《金鑑》三四）。又二十七年張朝瑞稱，黃河是時分三支；一流鎮口，一流小浮橋，一流黃堌（同上四〇）。又《河防志》稱，徐州自陡山至子房山縷堤內有鎮口閘一座，今沙淤（同上五八）。《夏鎮漕渠志》則說，萬曆十年凌雲翼「改河口於茶城東八裡，於新渠出口處建閘曰古洪」，十六年楊一魁增建鎮口閘（《利病書》四〇）。

[318] 新河之沖決，謝肇淛《雜記》以為決河廣八十餘丈，新開的僅三十丈，故不能容。

[319] 據《金鑑》四三引李化龍奏，並參下條注。

[320] 東克道楊某《論黃河事宜》：「至秋遂合龍門，而堅城之上八九里單縣蘇家莊遂大潰決，東北流入沛縣。」（《利病書》三九）前文有「三十年冬」字樣，是單縣

131

灌昭陽湖，入夏鎮，橫沖運道，全河北注者三年。

　　三十二年（一六〇四年），工部疏稱，河自歸德而下，合運入海，其路有三：由蘭陽道考城，至李吉口，過堅城集，入六座樓，出茶城而向徐、邳，是名濁河，為中路。[321] 由曹、單，經豐、沛，出飛雲橋，汛昭陽湖，入龍塘，出秦溝而向徐、邳，是名銀河，為北路。由潘家口[322] 過司家道口，至何家堤，經符離，道睢寧，入宿遷，出小河口入運，是名符離河，為南路。南路近祖陵，北路近運，擬請開復中路。

　　八月，河決朱旺，[323] 由昭陽湖穿（夏鎮南的）李家港口，出鎮口，又上灌南陽；單縣蘇家莊決口復潰，魚臺、濟寧間平地成湖。

　　三十四年（一六〇六年）四月，總河曹時聘挑朱旺口工

　　　　蘇家莊之決在三十一年，與《明史》八四相合。張了且的文不知據某種誤本，卻記作「三十年（一六〇二年），河決單縣蘇莊，水漂盪夏邑田廬」，顯然是前差一年。

[321] 《明史》八四，萬曆三十三年，曹時聘奏：「河之中路有南北二支；北出濁河，嘗再疏再壅，唯南出小浮橋……」

[322] 《明史紀事本末》的潘季馴疏，潘家口去丁家道口十餘里（《金鑑》二六）。

[323] 《淮系年表》一〇，「朱旺口或云在單縣，或云在碭山，或云在豐縣。」按《利病書》三九引《曹縣誌》稱「單縣朱旺口」。八月是據《金鑑》四二引《蕭縣誌》。

成，[324] 自朱旺、堅城集達小浮橋，長百七十里，[325] 河歸故道。

四十四年（一六一六年）[326] 五月，河復決徐州狼矢溝（在徐州東南二十里，又東為磨臍溝），[327] 由蛤鰻（在泇口鎮外）、[328] 周、柳諸湖（周湖、柳湖接邳州東直河）入泇河，出直

[324] 《河史述要》稱，「曹時聘所挑河仍是曾如春故道」。按三十三年曹時聘疏：「自王家口以達朱旺口，新導之河依然在也，因而疏通下流以出小浮橋，所費有限，非復昔比，從此三百里長河，上下條暢。」（《金鑑》四二引《神宗實錄》）時聘所挑，實即如春末曾施工那一段。《蕭縣誌》稱，萬曆三十二年河決朱旺口，「蕩漾三載，河徙午溝始定。」（《金鑑》四二）又《淮系年表》一〇稱，「曹時聘所挑，經堅城集、午溝，又經趙家圈北」。

[325] 《水利史》稱王家口新河「長約二百里，直抵鎮口」（六〇頁），似系根據《王家口河工記》「築東西堤二百里」那句話，但那是堤的長度，非全河的長度。二十七年工部疏，「自李吉口至鎮口三百里而還」（《金鑑》四〇引《神宗實錄》，李吉口尚在王家口之下），又東兗道楊某《論黃河事宜》，「曹大司空銳意挽河，起自蘇家莊，至徐州凡三百里」（《利病書》三九，蘇家莊在李吉口稍下），再合觀前條引時聘疏，全河長總在三百里以上。

[326] 《金鑑》四三於四十四年下，既引《江南通志》及《南河全考》，稱「是年河決狼矢溝」，四十五年下單引《徐州志》，又稱「河決狼矢溝」，我初稿已疑是同一事件而分載兩年。後來檢《淮系年表》十，在「四十四年」下稱，「五月，河復決徐州狼矢溝」，「四十五年」下稱，「六月，河又決徐州狼矢溝，淹東北各鄉村」，其注說：「《徐州府志》云，陶家店塞口之後，又決狼矢溝，諸書皆誤並四十四年為一事」，對這件事的始末，更得一個明白。在前，萬曆三十九年「六月，河決徐州狼矢溝，冬，塞之」，又四十三年「河決徐州狼矢溝，塞之」（均見《年表》），那些決口都已堵塞，所以四十四年下得稱復決。但四十四年的決口未塞，跟前頭單縣的黃堌同例，只是河漲時從決口散出為患，不得稱作「又決」；即使要表示這一年的水患，也只可稱「河又循狼矢溝決口淹東北鄉村」而已。此與「決」的定義有關，故不厭詳細說明。

[327] 《河防一覽》稱：「徐州東岸南去十餘里有狼矢溝，又東十五裡許有磨臍溝，每歲黃水暴漲，則從狼矢溝直下至磨臍溝，洩出李龍潭，經蛤蛤諸湖、落馬湖，出宿遷董、陳二溝，嘉靖年間全河俱從此出，而兩洪正河俱為之奪。萬曆七年，已於本溝築遙堤一道……隨復沖決。」（《金鑑》三五）狼矢溝在徐州東南二十里（同上一六三）。又磨臍溝在呂梁上洪（同上二九潘季馴疏）。

[328] 蛤湖在邳州東北十五里，源自武河（《利病書》二七引《淮安志》）。

口，復與黃會。

六月，[329]決祥符陶家店、張家灣，下陳留，入亳州渦河。

四十七年（一六一九年）九月，決陽武北岸脾沙堤，由封丘、曹、單至考（虞誤）城，復入舊河。[330]

天啟元年（一六二一年），河決靈壁雙溝、黃鋪，由永姬湖出白洋河，小河口，仍與黃會，故道湮涸。

三年（一六二三年），決徐州青田、大龍口（俱在徐州東南三十餘里），徐、邳、靈、睢之河並淤，上下百五十里悉成平陸。

崇禎四年（一六三一年）夏，河決原武湖村鋪，又決封丘荊隆口，敗曹縣塔兒灣太行堤，趨張秋。

十五年（一六四二年）九月，[331]河南巡撫高名衡決朱家寨（在開封西北十七裡），李自成決祥符馬家口[332]互相灌，水沖開封城，直走睢陽，入渦水。[333]

---

[329]　據《明史》八四，唯《金鑑》四三引《南河全考》作八月，未知孰是。張了且作「四十三年八月，河決陶家店張家灣」，當誤。

[330]　《金鑑》四三引《南河全考》及《錐指》四〇下陽武縣注都作「考城」，但既過曹、單，不應復返西方之考城，顯是虞城之誤。

[331]　《整合》引《河南通志》：「崇禎十六年九月，河決入渦河。」其中盡有錯誤。

[332]　《明史》八四，周堪賡奏朱家寨口居河下流，馬家口居河上流，相距三十里。

[333]　入渦水見《靜志居詩話》及《河南通志》。《崇禎長編》載十五年十一月，山東巡撫王永吉疏：「大抵水從朱家寨沖決汴城東門，直走睢陽，洶洶東南直下，鄢陵、鹿邑正當其奔噚之衝。」（以上均《金鑑》四五）鄢陵一句只是隔省遙揣的

十六年十一月，工部侍郎周堪賡塞朱家寨及馬家口兩處決
口。[334]

話，《明史》八四改為「直走睢陽，東南注鄢陵、鹿邑」，但鄢陵在開封西南。
又明無睢陽縣，當指睢州而言。

[334] 關於崇禎末年塞決之結果，各說不同：（一）堪賡疏稱，十六年四月塞朱家寨
口，河大勢歸東，馬家口僅分溜十三，亦於十一月初六合龍，河悉東還（據
《水利史》六四頁引）。（二）《崇禎長編》稱，決水從朱家寨直走睢陽，十二
月己卯，命堪賡修治，發銀十萬兩，並準撥錢糧濟用。又《明史稿》稱堪賡上
言，兩決口相距三十里，至汴堤外合為一流（據《長編》是十六年二月戊辰所
奏），十六年四月，塞朱家寨，其馬家口請俟霜降後興工，未及成而明亡（均據
《金鑑》四五；其《明史稿》即《明史，河渠志》所本）。（三）清內閣大庫輿圖河
流海岸之（3）《黃河圖》，內注稱，朱家二口決後，全黃南逝，散入淮河諸湖，
正河淤淺，褰裳可涉。崇禎十六年春，特遣重臣，併發帑金，專督築塞，二決
已完，後又復決，至清順治五年閏四月決口始塞（據趙世暹君從北京圖抄示，
疑是順治五至七年間楊方興所呈近之圖說）。（四）朱雲錦《黃河說》稱，崇禎
十五年決黃金塌口，「帝發帑金十五萬，命募夫塞之，河由故道，十六年又決，
南入渦河，國朝順治元年，河自復故道」（《小方壺齋輿地叢鈔》四，朱為嘉，
道間人）。綜合數說，知開封兩決口，崇禎十六年確曾堵塞，然塞而復決，是
常見的事，究在十六年年底或十七年（即順治元年）之初，無從確知。《明史
稿》大約沒有看見堪賡最後的一疏（《長編》十六年十二月丁卯，尚命堪賡將
修渦河工繪圖以進），故說工未及成。朱氏則只得其影響，故誤把復故道記為
十五年。

其次，跟這個問題密切相關的，則為《河南通志》順治元年「夏，黃河自復故
道」之記載（《金鑑》四六）。近人或據周堪賡疏稿，以為崇禎末已復故道（如
《水利史》六五頁）；或據《豫河志》，寧成勳順治二年奏稱汴口尚未塞，及清內
閣大庫圖說，以為明末堵塞和順治元年自復故道，都非事實。然而堵塞之後，
不能說必無再決，單持堪賡疏稿，固未可否定《通志》。若根據成勳疏及大庫
圖說以否定《通志》，我取圖說細繹一番，並旁參當年事實，也覺得未妥。《通
志》之誤，只在欠修辭工夫，如果寫作「夏，黃河大溜復循故道」，那可省去許
多葛藤了。其理由如下：據圖說，汴城兩口至順治五年閏四月才堵塞完工，又
據《目遊四海記》，最初決之後蘭陽縣正河涸如平陸（《金鑑》四五），與圖說之
褰裳可涉相合，假如說黃河或其一部分未循故道，則在五年閏四月以前，故道
上斷不會再鬧河決，這是顯而易明的理論。現在我們試看：（1）二年，決考城
流通口及黃家園（當即《河南通志》之考城王家道口）；（2）三年，劉通口（即流
通口）決水北徙，午溝自豐縣至徐州河流涸竭；（3）四年九月河決，自單入豐，

這一期計至明末崇禎十六年（一六四三年），共六十四年，即潘季馴治河以後的一個時期，除去人工破壞之外，大決在中游的占了半數，下游也不算少（因為這與淮河有關，不單是黃河的事，所以沒有列出），這是對季馴治河方針的重要考驗。我們雖不願專以成敗論人，然而事實明確，是無可諱飾的。

《禹貢錐指》四〇下曾就明末清初的河道，作過一個詳細考證，現在把它放在下面，以當總結。

武陟縣南。原武縣北。[335] 陽武縣南。延津縣南。祥符縣北。封丘縣南。陳留縣北。蘭陽縣南。儀封縣南。睢州北。考城縣北。商丘縣北。曹縣南。虞城縣北。夏邑縣北。單縣南。碭山縣北。豐縣南。沛縣南。蕭縣北。徐州北。靈壁縣北。睢寧縣北。邳州南。宿遷縣南。桃源縣北。清河縣南。山陽縣北。安東縣南，東北入海。

關於黃、淮會口，也不可不略敘一下。據說，黃河初自桃源三義鎮歷清河縣北，至大河口（葉家衝）會淮，是為老黃河，長八千餘丈，別有濟運河在清河縣南，只是一條支河。至

注太行堤，深丈餘（原《豐縣誌》作「河溢」，那稱情形還可算作「溢」嗎？可見「溢」、「決」之區分，無非強作解人），考城、單、豐等縣都在故道邊緣，假如河水不走故道，哪能鬧出潰決？更哪能移徙至豐、徐迤北？唯是二至四年，《淮系年表》一一屢著潁、亳等水，也許（但不能確定）受分河的影響，所以我說「大溜復循故道」，措詞比較穩當；否則黃河之水疑從天上來了。午溝見前注166。

[335]　參前注35。

嘉靖初年，三義鎮口淤，黃河遂奪支河，改趨清河縣南與淮
會。[336]這些話是綜合陳世寶、王士性兩人之言。牛應元說，「黃
淮交會，本自清河北二十里駱家營折而東，至大河口會淮，所
稱老黃河是也。陳瑄以其迂曲，從駱家營開一支河，為見今河
道，而老黃河遂淤矣」[337]，跟他們的話有些不同。如果依照
《淮安志》，老黃河的淤塞更早在元末泰定年代了。

　　還有一種疑似的說法，更須加以辨正，如陳潢說：「元時
運道，漕船由江入淮，由淮順流出廟灣海口，從海道北運，是
淮原未嘗與黃合流入海，而元時河患仍未息也。迨明初，平江
伯陳瑄始增修高堰，開清口導淮入黃。」[338]按淮從安東入海，
據《錐指》四三考證，兩漢時已是如此，黃河經徐州東出合淮

---

[336]　《薈蕞》稱：清河「縣西三十里有三汊河口，泗水至此，分為大、小二清河；大
　　　　清河經縣治東北入淮，俗稱老黃河，今湮。其小清河於縣治西南入淮，即今之
　　　　清口也。」（《金鑑》六〇）又稱：「山陽縣即淮安府治，東北至草灣黃河二十五
　　　　里，北至老壩口黃河三十餘里，西北至清口六十里。……黃河自汴至徐，經
　　　　邳、宿桃源三義鎮入口，由毛家溝抵清河縣後，謂之大河口，會淮流，過漁
　　　　溝，達安東下雲梯關入海，謂之老黃河。明嘉靖初，三義口塞，南從清河縣
　　　　前，亦與淮合，謂之小清口，經清江浦至草灣，轉西南過淮安新城北達安東。
　　　　萬曆四年，兵備副使舒應龍開草灣河成，分為兩道，各四十餘里，複合，過安
　　　　東，總下雲梯關入海。」（同上。末段本自《淮安志》，見《利病書》二七，並參
　　　　前注 34）又據同上《淮安志》，草灣「在郡新城東北二十里，離清江浦東南（應
　　　　作東北）十五裡，離安東縣西六十里」。

[337]　《明史》一五三〈瑄傳〉也說：永樂「十三年，瑄用故老言，自淮安城西管家湖
　　　　鑿渠二十里為清江浦，導湖水入（鴨陳口達）淮。」《明史》八五所記，大致
　　　　相同。

[338]　《經世文編》九八。

入海，也有宋、金、元的書說可證，陳氏固有名的治河專家，
竟以為黃、淮至明初才合約出海，真是一個大大的誤會。

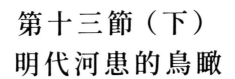

第十三節（下）
明代河患的鳥瞰

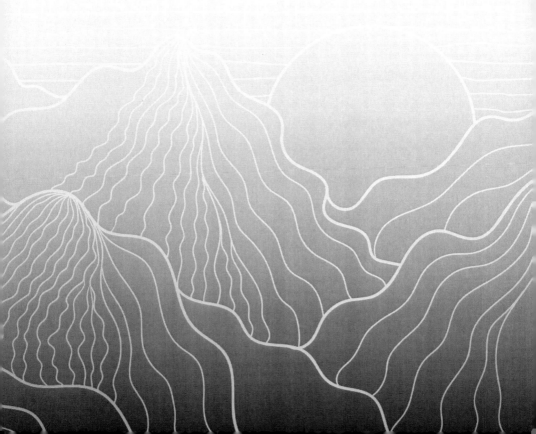

▋四、治河主張的分歧及內在的矛盾 [339]

黃、淮兩大流域往一處出口合併，很容易發生壅塞潰決，那是必然的事。然而在黃、淮合併的初期，為害尚不甚重要，如萬曆二十二年張企程說：「前此河不為陵患，自隆慶末年高、寶、淮、揚告急，當事狃於目前清口既淤，又築高堰以遏之，堤張福以束之，障全淮之水，與黃角勝，不虞其勢不敵也。」

二十五年楊一魁說：「洪武二十四年，河決原武東南至壽州入淮，永樂九年，河北入魚臺，未幾復南決，由渦河經懷遠入淮，時兩河合流，歷鳳、泗以出清口，未聞為祖陵患。正統十三年，河北沖張秋。景泰中，徐有貞塞之，復南流。一由中牟至潁、壽，一由亳州至渦河入淮，一由宿遷小河口會泗，全河大勢，縱橫潁、亳、鳳、泗間，下溢符離、睢、宿，未聞為祖陵慮，亦不聞堤及歸仁也。正德三年後河漸北遷，由小浮橋、飛雲橋、谷亭三道入漕，盡趨徐、邳出二洪，運道雖濟而氾濫實甚。嘉靖十一年……然當時猶時浚祥符之董盆口，寧陵之五里鋪，滎澤之孫家渡，蘭陽之趙皮寨，又或決睢州之地丘店、界牌口、野雞岡，寧陵之楊村鋪，俱入舊河，從亳、鳳入淮，南流未絕，亦何嘗為祖陵患。嘉靖二十五年後，南流故道

---

[339] 本項及下一項的史料，除有特別註明外，都是從《明史》八三及八四蒐集來的。

始盡塞，或由秦溝入漕，或由濁河入漕，五十年來全河盡出徐、邳，奪泗入淮，而當事者方認客作主，日築垣而窘之，以至河流日壅，淮不敵黃，退而內瀦，遂貽盱、泗祖陵之患。此實由內水之停壅，不由外水之沖射也。萬曆七年，潘季馴始慮黃流倒灌小河、白河等口，挾諸河水沖射祖陵，乃作歸仁堤為保障計，復張大其說，謂祖陵命脈，全賴此堤。」

　　要把黃、淮兩大河的流水量，完全向一個 —— 沒有兩個 —— 尾閭宣洩，而且要它俯首帖耳，任何理論都不可能。何況淮短而黃長，淮小而黃大，遇著黃河暴漲，淮不能與黃爭道，因此壅塞不下，勢必導致上流潰散。嘉靖十三年朱裳曾說：「往時淮水獨流入海，而海口又有套流，安東上下又有澗河、馬邏諸港以分水入海。今黃河匯入於淮，水勢已非其舊，而諸港套俱已堙塞，不能速洩，下壅上溢，便塞運道，宜將溝港次第開濬，海口套沙，多置龍爪船往來爬蕩，以廣入海之路，此所謂殺其下流者也。」流量大增，洩口減少，會不會促成潰決，其理由甚易明白。如果認為束緊水路，它自然刷深河床，迅速流去，治水的方法是不是這樣簡單？張企程、楊一魁兩人的言論，都是在潘季馴四任總河後對他的治河方法，加以深刻批評。我們要作治黃的研究，那一派的言論，就不可不加以細密的檢討，所以在這裡我先把它詳引出來。

　　明初因沿舊制，治河沒有專官，至成化七年，命王恕為工部侍郎，總理河道。總河之設，就自王恕為始。這也是明人對治河比前代更為專注的表現。到萬曆五年，命吳桂芳為工部尚書，兼理河、漕，遂罷總河都御史不設。十六年四月，因常居敬等的奏請，覆命潘季馴為右都御史，總督河道。至二十六年，因總漕褚鈇、總河楊一魁各執一說，再以一魁任總河，兼管漕運。但三十年三月仍舊畫分為兩職，總河駐濟寧，總漕駐淮安。[340]

　　清朝的河道總督即沿用明制。又隆慶六年，朱衡奏稱：「河南屢被河患，大為堤防，今幸有數十年之安者，以防守嚴而備禦素也。徐、邳為糧運正道，既多方以築之，則宜多方以守之，請用夫每里十人以防，三里一鋪，四鋪一老人巡視；伏秋水發時，五月十五日上堤，九月十五日下堤，原攜家居住者聽。」[341] 對於堤夫上防、下防的時間，也作了明確的規定，治河方法可算漸有進步。至河工辦事的細則，自有《明會典》那一類專書可考，這裡不必細述。

　　值得特別提出的，飛報水汛之法，至明代始詳。萬恭《治

---

[340]　《金鑑》四〇及四一，又《明史》八四。

[341]　《淮系年表》十於隆慶六年下稱：「三里一鋪，鋪十夫。」按《整合》引《續通考》，六年正月，禮科雒遵請「三里置鋪，鋪置十夫」，《明史》八五也說，「六年，從雒遵言，修築茶城至清河長堤五百五十里，三里一鋪，鋪十夫，設官畫地而守」，跟《明史》八三朱衡所請每里十人不同。

水筌蹄》說：「黃河盛發，照飛報邊情，擺設塘馬，上自潼關，下至宿遷，每三十里為一節，一日夜馳五百里，其行速於水汛。」[342] 但還未應用到潼關以西的地方。

　　辦事既有專責，有頭緒，照理治河方針應跟著進步，但結果卻大大不然。提出的計畫，無非搬演舊時那一套，正所謂卑之無甚高論。至於潘季馴，向被清代人們極端推崇，大有前無古人、後無來者的氣概，但據我看來，即使不是最弱的一環，他的理論也並非無懈可擊。這顯然顯示著中國從前治河的人員，對黃河的歷史，絕未加以深入的探討；以偌大的黃河，變遷又非常屬害，應同時施用各種的方法，非專靠某一件就可以成功的。唯獻議的人各有偏差，結果遂沒有比較完全的計畫。

　　向來治河都夾雜著許多矛盾，在明代尤難以解決。謝肇淛《雜記》稱：「至於今日，則上護陵寢，恐其滿而溢，中護運道，恐其洩而淤，下護城郭、人民，恐其湮汩而生謗怨，水本東而抑使西，水本南而強使北。」、「今之治水者既懼傷田廬，又恐壞城郭，既恐防運道，又恐驚陵寢，既恐延日月，又欲省金錢，甚至異地之官，競護其界，異職之使，各爭其利。」可見不易協調各個矛盾，而協調成這個，怕又顧不得那一個，萬分棘手，可想而知。劉堯誨《治河議》中：「弘治間，懼黃河之北

[342] 《金鑑》二八。

犯張秋也，故強北岸而障河使南。嘉靖間，以黃河之南徙歸宿
也，故塞南岸而障河使東。」[343] 不能發現治黃的重點，作為決
定方針的根據，所以終明之世，都患在舉棋不定，這是就具體
來說。

分開來談，則最古老殘舊的那一套，就是根據經義來治
河，像景泰四年，江良材奏：「三代前黃河東北入海，宇宙全
氣所鍾，河南徙，氣遂遷轉。今於河陰、原武、懷、孟間導河
入衛，以達天津，不特徐、沛患息而京師形勝百倍。」[344] 嘉靖
六年，黃綰奏：「漕河資山東泉水，不必資黃河，莫若浚兗、
冀間兩高中低之地，道河使北至直沽入海。」（同時霍韜奏請：
「今宜於河陰、原武、懷、孟間審視地形，引河水注於衛河，
至臨清、天津，則徐、沛水勢，可殺其半。」主張分黃北出，
言論雖有點不同，但所指定的天津海口，卻跟江、黃一樣）他
們的全文沒有看見，相信其理想總是從迷信禹河一點出發。

其次，不合理的就是治河先須顧運，顧運則黃河必不可使
北。代表的例子，如嘉靖六年，李承勳說：「又益北則自濟寧
至臨清，運道諸水俱相隨入海，運何由通？」這種恐懼心理，
在明人是相當普遍的。所以，胡渭批評元人余闕時也說：「謂
河北而會通之漕不廢則大非。明之中葉，河屢貫會通，挾其

---

[343] 《利病書》四一。

[344] 《明史》八七。

水以入海而運道遂淤，河之不可北也審矣。向使河北而無害於漕，則聽其直沖張秋，東北入海，數百年可以無患矣，奚必歲歲勞費，防其北決耶？」[345] 黃河無論從北出、南出或從山東出，必須向運河攔腰沖過，那是必然的形勢；向南沖出，既可建閘來蓄洩，難道向東北沖出，我們就不能利用建閘以阻運河的水外洩嗎？大抵晚明人所最忌的是徐、呂二洪淺澀，而黃河北流，必定影響徐、呂；我們又須知徐、呂並不是運道絕對必經的地方（後來開了泇河，就避過了二洪），而且洪武二十四年正德初一個時期，黃河的主流並不通過徐、呂，已見前引楊一魁的奏疏。同時一魁又疏稱：「查得正統年間，參將湯節議於徐、呂洪南口各建閘座，節水通舟，行之有效。嘉靖二十年間，督治漕河侍郎王以旂復請建置。蓋運河原不資黃河之水，山東諸泉是運河命脈。」[346] 這充分說明黃河可北不可北，要從相度形勢來決定。明人那種「必不可北」的論調，未免挾持成見，違背了唯物辯證的方法。反過來胡渭所說：「東北入海，數百年可以無患。」又失於偏向別一方面。試看銅瓦廂決後，黃河的趨勢如何，便見得胡氏看事太過輕易了。假使真能保證數百年無患，則放河北出，所得儘可償所失而有餘，南方的運道，難道我們不能別籌方法來補救嗎？弘治六年，塗升上治河

---

[345] 《錐指》四〇下。
[346] 《金鑑》三九。

四策：「二曰阨塞。既殺水勢於東南，必須築堤岸於西北，黃陵岡上下舊堤缺壞，當度下流東北形勢，去水遠近，補築無遺，排障百川，悉歸東南，由淮入海，則張秋無患而漕河可保矣。」後二年劉大夏築斷黃陵岡，實是執行塗升的計畫。

此外，嘉靖以後，更多一層顧陵牽制。嘉靖六年，章拯奏孫家渡、趙皮寨二河通渦入淮，經壽春王諸園寢，為患叵測；十一年，戴時宗奏：「塞河四道唯渦河經祖陵，未敢經舉。」十三年 [347] 朱裳又奏：「孫家渡、渦河二支俱出懷遠會淮，流至鳳陽，經皇陵及壽春王陵，至泗州經祖陵，皇陵地高無慮，祖陵則三面距河，壽春王陵尤迫近。」這正如焦竑所說：「方欲引而東，又防黃有決會通之患，及其障而南，又防其為陵寢之患。」[348] 但黃、淮出口能夠調節得好，那倒不是棘手的問題。還有楊一魁已曾辯稱，洪武二十四年河從潁會淮，走了二十年；永樂十四年從渦會淮，走了三十餘年；景泰六年再從渦入淮，也走了三十餘年，於祖陵並沒有什麼損害。妨礙祖陵的話，遲到嘉靖初期才發生的，可見泗州積水不消，總有別些更重要的原因在作祟。

其次，最普遍的算是分洩黃河與疏濬海口。主張分洩的如：

---

[347] 《明史》八四，萬曆二十五年楊一魁奏「嘉靖十一年朱裳始有渦河一支，中經鳳陽祖陵，未敢輕舉之說」。今依《明史》八三，則朱裳之奏自十三年，十一年奏的是戴時宗，而且早在六年，章拯已把這個問題提出。

[348] 《圖書整合·山川典》二二三引《治河總論》。

景泰四年徐有貞治河三策之一：「一開分水河。凡水勢大者宜分，小者宜合，今黃河勢大，恆沖決，運河勢小，恆幹淺，必分黃水合運河，則有利無害。」（六年，有貞開廣濟渠，就是實現這個計畫）

　　天順七年，金景輝言：「國初，黃河在封丘，後徙康王馬頭，去城北三十里；復有二支河，一由沙門注運河，一由金龍口達徐、呂入海。正統戊辰決滎澤，轉趨城南，並流入淮，舊河、支河俱湮。……今急宜疏導以殺其勢，若止委之一淮而以堤防為長策，恐開封終為魚鱉之區。」

　　弘治六年，塗升治河四策之一：「一曰疏濬。滎、鄭之東，五河之西，飲馬、白露等河皆黃河由渦入淮之故道。其後南流日久，或河口以淤高不洩，或河身狹隘難容，水勢無所分殺，遂氾濫北決。今唯躝上流東南之故道，相度疏濬，即正流歸道，餘波就壑，下流無奔潰之害，北岸無沖決之患矣。」他的標題雖作「疏濬」，實是主張從上流分洩。

　　嘉靖五年，費宏奏：「河入汴梁以東，分為三支，雖有沖決，可無大害。正德末，渦河等河日就淤淺，黃河大股南趨之勢，既無所殺，乃從蘭陽、考城、曹、濮奔赴沛縣飛雲橋及徐州之溜溝，悉入漕河，氾濫瀰漫，此前數年河患也。……渦河等河必宜亟浚。」

　　同年，戴金奏：「黃河入淮之道有三：自中牟至荊山合長淮，曰渦河；自開封經葛岡、小壩、丁家道口、馬牧集、鴛鴦口至徐州小浮橋口，曰汴河；自小壩經歸德城南飲馬池，抵文家集，經夏邑至宿遷，曰白河。[349] 弘治間渦、白上源堙塞而徐州獨受其害。宜自小壩至宿遷小河並買魯河鴛鴦口、文家集壅塞之處，盡行疏通，則趨淮之水，不止一道，而徐州水患殺矣。」

　　嘉靖六年，胡世寧奏：「河自汴以來，南分二道：一出汴城西滎澤，經中牟、陳、潁，至壽州入淮；一出汴城東祥符，經陳留、亳州，至懷遠入淮。其東南一道，自歸德、宿州經虹縣、睢寧至宿遷。其東分五道：一自長垣、曹、鄆至陽穀出；一自曹州雙河口至魚臺塌場口出；一自儀封、歸德至徐州小浮橋出；一自沛縣南飛雲橋出；一自徐、沛之中境山北溜溝出。六道皆入漕河而南會於淮。今諸道皆塞，唯沛縣一道僅存，合流則水勢既大，河身亦狹不能容，故溢位為患，近又漫入昭陽湖，以致流緩沙壅。宜因故道而分其勢，汴西則浚孫家渡抵壽州以殺上流，汴東南出懷遠、宿遷、正東小浮橋、溜溝諸道，各宜擇其利便者，開濬一道以洩下流。」入漕六道，是合東南一道及東邊的五道計算，那麼，黃河在明代某一個時間，支流或許多至七八個了。

---

[349]　光緒二十九年《永城縣誌》二：「舊黃河在縣北二十里，其水西自夏邑白河入本縣甫城鄉，東入宿州界，達於淮，明嘉靖十二年疏。」

同時，李承勛奏：「黃河入運，支流有六。自渦河源塞，則北出小黃河、溜溝等處。不數年諸處皆塞，北並出飛雲橋，於是豐、沛受患而金溝運道遂淤。……臣愚以為相六道分流之勢，引導使南，可免沖決。」（金溝見下條）

嘉靖十一年，戴時宗奏：「河東北岸與運道鄰，唯西南流者，一由孫家渡出壽州，一由渦河口出懷遠，一由趙皮寨出桃源，一由梁靖口出徐州小浮橋，往年四道俱塞，全河南（東）奔，故豐、沛、曹、單、魚臺以次受害。今患獨鍾於魚臺，宜棄以受水，因而道之，使入昭陽湖，過新開河出留城、金溝、[350] 境山，乃易為力。至塞河四道，唯渦河經祖陵，未敢輕舉；其三支河頗存故跡，宜乘魚臺壅塞，今開封河夫捲掃填堤，逼使河水分流，則魚臺水勢漸滅，俟水落畢工，並前三河共為四道以分洩之，河患可已。」趙皮寨至桃源一道，即前文胡世寧所稱歸德至宿遷一道。新開河指盛應期所開的運河，見下文七項開洰河。

約隆、萬間劉堯誨《治河議》上：「上流既分，大勢自弱，徐、沛之間，雖有禍患不甚。以後治運河者漸失明初作者之意，導口既塞而支流未分，會全河之水以入於徐、泗。」[351]

---

[350] 金溝口在昭陽湖及沛縣之南，見《明史》八七及八五。
[351] 《利病書》四一。

　　萬曆二十年，張貞觀奏：「洩淮不若殺黃，而殺黃於淮流之既合，不若殺於未合。但殺於既合者與運無妨，殺於未合者與運稍礙，別標本，究利害，必當殺於未合之先。」

　　焦竑《治河總論》：「其始自汴而出者河猶有六……其後或塞或微，或併為二，或合為一，而河之道愈寡，決固宜也。……是河之所以決者，以其專而不分故也。」[352]

　　上文所引十一條，已夠代表明人主張的一部分了。根據黃河變徙的歷史來觀察，分洩確是治黃的主要辦法，張貞觀說，「殺黃於淮流之既合，不若殺於未合」，尤為中肯。然而消弭黃河的水患，是要利用各種方法同時並進的，不是專靠某一種方法便可安然無事的。徐有貞說：「今請先疏其水，水勢平乃治其決，決止乃浚其淤。」雖不是一成的方法，但如果得其意而相機運用，相信當時黃河的出事必不會那麼多。但主張不可分的也占相當勢力，劉堯誨《治河議》中：「嘉靖王子間，都御史詹瀚復請開趙皮寨口，不果行。明年又申前請，遣使視河上，而以工費巨大為辭。」[353] 又《河南通志》：「初河決曹縣，都

---

[352]　同前《整合》引。

[353]　《利病書》四一。按決曹在二十六年，據《金鑑》二五引《世宗實錄》，瀚奏倒在二十七年正月癸未，劉記為嘉靖王子即三十一年，其誤一。劉所稱「明年又申前請」，依下引《河南通志》，實是二十七年胡松請開孫家渡，非詹瀚再請開趙皮寨，其誤二。「遣使視河上」即《通志》三十二年之吳雕，事隔五六年，劉混為同年之事，其誤三。

御史詹瀚欲殺水勢，乃上疏請開趙皮寨之支河……明年，都御史胡松上疏請開孫家渡之支河……二十五年，都御史方純乃採僉論上疏，其略曰：趙皮寨一開，河性叵測……則又憂在皇陵矣。若疏孫家渡……弘治迄今凡十五浚矣，卒莫有成，似宜罷為便。三十二年漕渠稍滯，議者復申前說，上命侍郎吳雕來視……乃上奏曰：……開復趙皮寨……工費巨大，實難遽圖，孫家渡所淤塞者僅六里八十丈……宜行司河者只除淤土四尺七寸，照舊不必開濬。……自是開濬之議遂寢。」[354] 那是嘉靖中葉以後明代當局不太主張分疏的事實。

主張疏浚海口或河身的如：

嘉靖十五年，李如圭奏：「流之急則泥沙並行，流之緩則泥沙並積，而停積則淤之漸矣。……置造大小鐵扒、鐵鋤，分發各該管河官收領，遇有淤塞，即便督率人夫撐駕船隻，用心扒浚。」[355]

隆慶六年，吳從憲奏：「淮安而上，清河而下，正淮、泗、河、海沖流之會，河潦內出，海潮逆流，停蓄移時，沙泥旋聚，以故日就壅塞；宜以春夏時疏浚，則下流疏暢，汛溢自平。」

---

[354] 《利病書》五〇。所記比劉堯誨的論文錯誤較少，但「二十五年」應依《金鑑》改正為二十八年，「方純」改為方鈍。

[355] 《利病書》三一引《徐州志》。

同年，朱衡奏：「國家治河，不過浚淺、築堤二策。浚淺之法，或爬或撈，或逼水而沖，或引水而避，此可人力勝者。……若海口則自隆慶三年海嘯，壅水倒灌，低窪之地，積瀦難洩，宜時加疏瀹，毋使積塞。」

萬曆元年，鄭嶽奏：「運道自茶城至淮安五百餘里，自嘉靖四十四年河水大發，淮口出水之際，海沙漸淤，今且高與山等，自淮而上，河流不迅，泥水愈淤，於是邳州淺，房村決，呂梁二洪平，茶城倒流，皆坐此也。今不治海口之沙，乃日築徐、沛間堤岸，桃、宿而下，聽其所之，民之為魚，未有已時也。」因獻宋李公義、王令圖浚川爬法。

萬曆五年，施天麟奏：「僅完堤工，於河身無與，河身不挑，則來年益高。」

萬曆十五年，楊一魁奏：「善治水者，以疏不以障，年來堤上加堤，水高凌空，不啻過顙，濱河城郭，決水可灌，宜測河身深淺，隨處挑浚，而於黃河分流故道，設減水石門以洩暴漲。」

萬曆二十二年，陳邦科奏：「固堤束水，未收刷沙之利而反致沖決。法當用浚，其方有三：冬春水涸，令沿河淺夫乘時撈淺，則沙不停而去，一也。官民船往來，船尾悉系鈀犁，乘風搜滌，則沙不寧而去，二也。仿水磨、水碓之法，置為木

機，乘水滾蕩，則沙不留而去，三也。」

晚明時代的河患，多在徐、邳一帶而不在上流，那顯然是因為近海口的地方壅塞的原因。潘季馴說：「海無可浚之理。」海雖難以浚，但近河口的淤積是一天一天在加高，如果趁潮落時候，用人工方式挖除，總可減低其淤澱的速度，無論如何，於治河是有利的。楊一魁提議「測河身深淺，隨處挑浚」，見解可算更近一步。因為束刷只管束刷，遲早必然而沉澱，平時不設法挑浚，勢必河床日高，為害愈烈，等到沉澱已相當深厚，那時雖欲加工而不可能了。分洩只可抵消暴漲，挑浚才是保固根本。

其間醸成兩派爭執，比較劇烈的要算萬曆中葉之分黃導淮。事起於二十一年單縣黃堌口潰決，河水一部分改從宿遷小河口而出，尤其是清口淤成「門限沙」，淮流不能暢行。二十三年四月，工部侍郎沉思孝請復挑老黃河以弱黃河之勢，使清口方面不致阻礙淮水出路，仍開闢清口沙以通淮流。

同年九月，總河楊一魁與勘河官張企程，遂議定開挑桃源黃家壩新河的計畫，分洩黃水入海。理由是，「淮壅由於河身日高，河高由於海口不深，若上流既分，則下流日減，清河之口，淮無黃遏，則泗之積水自消而祖陵永保無虞」；大致同於沉思孝的建議而稍加改變，是為「分黃」的主張。總漕褚鈇卻反對這個辦法，以為黃家壩工程重大，應先行洩淮，是為「導

淮」的主張。工部核覆說：「導淮分黃，勢實相須，不容偏廢，宜將導淮分黃……工程逐一舉行。」然時人的意見各有所偏，其贊成洩淮而走向極端的，更提出漸開高堰的主張，幸而工部極力維持原議，黃家壩新河卒之挑成。同時仍於涇河通武家墩之下流，由射陽湖入海，於子嬰溝分周家橋，高良澗之下流，由廣洋湖入海，又於全家灣、芒稻河開一新渠，引餘水入江，不廢導淮的主張，以二十四年夏完工，這項爭執才暫告一個段落。[356]

　　兩派既挾有成見，本來是很難根絕的，所以導淮分黃之爭執剛完，又再起一波，釀成黃堌宜塞不宜塞之爭執。褚鈇站在「塞」那一邊，「謂黃堌旁洩太多，徐、邳之河幾奪」；楊一魁站在反對的立場，謂堌口深涸難塞，議浚小浮橋沂河口以濟徐、邳運道，如「欲自黃堌挽回全河，必須挑四百里淤高之河身，築三百里南岸之長堤，不唯所費太多，還恐後患無已。」不久，褚離職，楊亦調入為工部尚書，到二十九年七月，河決上游的商丘，黃堌斷流，塞與不塞的是非，便更難判定了。至於張朝瑞詆斥楊一魁分黃導淮有三失，所見太過幼稚，楊一魁自己已逐層辨明，不必再浪費我們的筆墨。[357]

　　只是，最初分黃導淮的爭執，誰是誰非，究於治河方針有

[356]　《金鑑》三六及三七。
[357]　同上三八至四〇。

關，我們應該加以評論。推原泗州所以積水，是因淮水不能通流，淮水何以壅滯，是因清口淤墊，而淤墊又由於黃河倒漲，那是一連串相扣著的環節。如果不把頭一個環節解開，即使目前暫時有效，究非根本醫治的方法，牛應元所稱，「若清口之壅如故，則病根固自在也」[358]，正是破的之論。我們固不敢保證分黃就可根除淮水的壅滯，但如果向黃河方面思考，則林熙春所說：「積水為患，淹及祖陵者淮也；流行不駛，致有退縮者非淮也。障淮不東，令無旁洩者（高家）堰也；泥沙日澱，致淮滯留者非堰也。……此導淮固以為淮，分黃亦以為淮。」[359]恰好找出黃與淮之息息相關。褚鈇一派「論黃水則欲其由清口以合淮，至論淮水則又欲其舍清口而南洩」[360]，這樣尖銳的矛盾，顯然是意氣之爭，不是就問題的正面來著想了。

如果說分河是好，那麼，嘉、萬時期分河或七八支，甚者十餘支之多，為什麼黃水反至漫流無際？即就分渦、分潁來論，晚明跟明初一樣，為什麼晚明河患卻比明初特多？這些問題，稍為讀過明代黃河史的總會連續提出。我們要解釋疑團，首先須鄭重地宣告，分河並不是無條件的而是要有標準的；不是任何時間都可以分，不是任何地點都可以分，更不是可隨

---

[358]　同上三八。
[359]　同上三七。
[360]　同上三九《張企程疏》。

便分至無數支，我們討論時不要從字面上來採取行動。比方潦水在一兩天內暴漲數丈，那是時間上不應不分的，又黃河經過重重束縛，束縛忽然沒了，那是空間上不應不分的。合兩項來說，分水也應有節制，總求立積可以相容，絕非可任便分作多支的。嘉、萬時期分流多至七八或十餘支，這樣毫無規則地亂衝直撞，只能說是「漫流」不能拿它比分流，此其一。當汴渠未消失以前，黃水可能有時分流到渦、潁流域，相信為量不多，大量或全量入渦、潁的還算從蒙古朝為始，那時它們沒有多大受黃土淤塞，而且清濁並行，力還足以助沖刷，故元代和明初河患不很厲害。晚明可不同了，經過長期奪流，渦、潁、睢各水受黃患已深，能夠容納的黃水分量大不如前，黃水即使沖到那邊去，也不久淤塞，喪失了清濁並行的要路（例如嘉靖十三年經人工開鑿趙皮寨之後，引河的一支從渦入淮，十六年卻將趨渦之水，截入徐州。僅三年，即十九年，河又決野雞岡入渦，可是二十一年河員仍於野雞岡上流開三支河引水入徐、呂。到二十四年河雖再由野雞岡南決，然而不上兩年，即二十六年，河決曹縣，入渦和其他南流故道於是盡塞）。另一方面黃河正流要通過徐、蕭的狹路，兼之海口淤塞，去水不通暢，結果遂弄成倒灌清口，再影響為更居上流的徐、沛搗亂，此其二。總括來說，明末分流之多，是河道不治的自然惡果，非是河道不治的主動原因，我們不要把因果倒置。

五、批評潘季馴的束水攻沙

現在要把潘季馴的計畫來單獨討論了。同時的人直接攻擊季馴的，如張企程、楊一魁，我在前文已引過他們一大段議論。後人對他的印象又怎樣呢？胡渭的批評說「觀其所言，若無赫赫之功，然百餘年來治河之善，卒未有如潘公者」，又說，「自漢以來，治河者莫不以分水為長策，唯張戎之論不然，潘公深得其意」[361]。這與他在半頁之前「始以清口一線受萬里長河之水」句下，引顧炎武弘治六年雖築斷黃陵岡，猶於蘭陽、儀封各開一口南洩（顧說引見前文）的話，似乎前後有些不一致了。但那是胡渭自己的矛盾，跟季馴無關。

《明史紀事本末》曾說：「季馴之治水，唯求復故道而已。」[362] 是指他萬曆六年七月所上的黃流艱阻疏。疏稱：「河從潘家口出小浮橋，則新集迤東一帶，河道俱為平陸。……河身深廣，受水必多……河從南行，去會通河甚遠……秦溝可免復沖而茶城永無淤塞之慮。」[363] 大意是保固運道，拯救豐、沛，在當日的局面看來，我們尚不能加以詆毀。

李協的批評是：「黃、淮既合，則治河之功，唯以培堤堰

---

[361]　《錐指》四〇下。

[362]　《金鑑》二六。

[363]　同上二九及三〇。

閘是務，其功大收於潘公季馴。潘氏之治堤，不但以之防洪，
兼以之束水刷沙，是深明乎治導原理者也。」但他又曾說：「以
堤束水，其意甚善，若但以防氾濫，則寬縮無律，沙之停積失
當，必致河道荒廢也。」[364] 我們試問，潘季馴所築之堤，是否
比別人所築的確能束水攻沙？是否寬縮合律？我們雖可讚同束
水攻沙合乎治水原理，但他的整個治河計畫，並不值得我們過
分推崇，否則不至數年之後，黃河仍頻頻為患了。

　　錢穆論《水利與水害》，對季馴頗不滿意，他說：「若把潘
徐（貞明）比論，潘之主張近於賈讓之所謂下策，而徐則近於
賈讓之中策……若說上流水分則下流水緩，與束流刷沙之理
不合，則據最近（一九三五年）從事河工人員之目驗，顯見此
次河災由於上流水盛，下流河窄，而河床填淤日高之患尚在其
次。則可見束流刷沙之論實不如徐氏引水分流的見解更為治黃
策之根本了。」[365]

　　鄭肇經的批評是：「宋、明以來，司河者唯知分河殺勢，
如庸醫之因病治病而不尋其本原；季馴天才卓越，推究闇奧，
發前人所未發，成一代之殊勛，神禹以來，一人而已。」[366] 對
於季馴，可謂推崇備至。唯其讚揚者多，我們對於季馴的方

---

[364]　同前引《科學》八九八及九〇二頁。
[365]　〈禹貢〉四卷一期七一八頁。
[366]　《水利史》五九頁。

法，不可不做嚴密的批評，這並不是吹毛求疵，只是想從前人的經驗，尋求出比較完善的理論。

季馴一生共辦過河務四次：第一次在嘉靖四十四年（一五六五年）十一月，明年十一月便因丁憂離職。第二次在隆慶四年（一五七〇年）八月，五年十二月被雒遵彈劾免官。第三次在萬曆六年（一五七八年）二月，至八年秋，擢南京兵部尚書，這一回辦的工程最多。第四次在萬曆十六年（一五八八年）五月，至二十年（一五九二年）三月罷去，在職期間，以這一回為最久。

他所著有《河防一覽》，大要在：「築堤障河，束水歸漕，築堰障淮，逼淮注黃，以清刷濁，沙隨水去。合則流急，急則盪滌而河深，分則流緩，緩則停滯而沙積，上流既急，則海口自闢而無待於開。其治堤之法，有縷堤以束其流，有遙堤以寬其勢，有滾水壩以洩其怒。」

他注重固堤，則說：「河亦非可以人力導，唯當繕治堤防，俾無旁決，則水由地中，沙隨水去，即導河之策也。頻年以來，日以繕堤為事，顧卑薄而不能支，迫近而不能容，雜以浮沙而不能久，是以河決崔鎮，水多北潰，為無堤也，淮決高家堰、黃浦口，水多東潰，堤弗固也，不咎制之未備而咎築堤為下策，豈通論哉？」

他反對分水，則說：「上流既旁潰，又歧下流而分之，其趨雲梯入海口者譬猶強弩之末耳，水勢益分則力益弱，安能導積沙以注海？……使黃、淮力全，涓滴悉趨於海，則力強且專，下流之積沙自去，海不浚而闢，河不挑而深，所謂固堤即以導河，導河即以浚海也。……而當事者未考其故，謂海口壅閉，宜亟穿支渠，詎知草灣一開，西橋以上正河遂至淤阻。夫新河闊二十餘丈，深僅丈許，較故道僅三十之一，豈能受全河之水？……黃、淮既無旁決，並驅入海，則沙隨水刷，海口自復，而桃、清淺阻又不足言，此以水治水之法也。」（末兩段據《明史》八四轉錄他萬曆六年的奏章）他的全部主張，簡括來說，就是：

（一）從固堤出發，固堤即黃、淮力專，便可安然無事，跟萬曆五年施天麟的奏「未有不先黃河而可以治淮，亦未有不疏通淮水而可以固堤」，出發點恰恰相反。

（二）眼光只注重黃、淮下游，是否可以應用於治理整個黃河，使人不能不發生疑問。黃河上流前代非無堅固的堤防，而河水仍不時潰決，原因又在哪裡呢？

束水攻沙的方法，人們往往以為發前人所未發。《四庫全書總目》六九曾說：「考《漢書》載，王莽時，徵治河者大司馬史張戎，已有水自刮除成空語，是借水刷沙，古人已露其意，

特從未有見諸行事者。」

　　據我所見，在潘季馴稍前，則「或逼水而沖」，朱衡隆慶六年的奏章已經提及（引見前文）。又《宋史》九三，嘉祐六年都水曾請為木岸狹河，扼束水勢令深駛，可見得束刷還是舊法，季馴不過專主罷了。然而「築堤束水，未收刷沙之力」（見前引陳邦科的奏疏），清口遂淤而形成門限沙（萬曆二十二年，牛應元的話），事實上正給季馴政策當頭棒喝。

　　朱澤澐《治河策》上：「夫季馴之策，束水不得北徙，並驅入海，可以暫行，不可經久。蓋桃、清黃河闊止二三里，二水陡發，必不能深，上決崔鎮，下決安東、馬邏，可料而知，且黃強淮弱，周家橋不能驟洩，高堰、六壩安能無虞？」[367]

　　又張伯行《宿遷駱馬湖壩說》稱：「宿遷以上之黃河，果誰為刷之乎？而何以不聞其遂淤也。豈不淤宿遷以上之黃河，而獨淤宿遷以下之黃河乎？」[368] 均給季馴以適當的批評。

　　就中徐旭旦的話，尤為痛快。他的《治河挑淺策》說：「前此治河者創為束水滌沙，歲增長堤若干丈，遂築堤壩若干處，即為治河得善策矣，而不知此朝三暮四之術也。所謂束水滌沙者，果遂能滌之以歸於海乎？無論旋滌於此，復停於彼，且河

[367] 《經世文編》九七。
[368] 同上一○○。

暴發，並前堤壩盡化而為河身矣，此與載土實河者何異，河身
安得不日高也？」[369]

　　我們再了解一下當時河身的情況。據劉天和《問水集》說：
「孟津而下，夏秋水漲，河流甚廣（滎澤浸溢至二三十里，封
丘、祥符亦幾十里許），而下流甚隘（一支出渦河口，廣八十餘
丈。一支出宿遷小河口，廣二十餘丈。一支出徐州小浮橋口，
亦廣二十餘丈。三支不滿一里）。」[370]

　　又黎世序說：「豫省河身皆寬二三十里，江境豐、碭一帶
河身亦尚寬一二十里。至徐城一帶，南系城郭，北盡山岡，
河身僅寬八十餘丈，較上游容水不及十分之一，平日歸槽之
水，尚可流行，一遇淫潦不時，非常汛漲，即有壅遏抬高之
患。……自徐城以下至邳、宿、桃、清、山、海一帶，河身亦
僅寬二三百丈及五六百丈不等。」[371]

　　下游的河身，寬或不及中游十分之一，其天然的束縛，已
算有一定程度，是否就收刷深之效。何況豫西以上，河既飽受
束縛的痛苦，入豫東後向闊面展開，如果河身的寬度一路相
同，相信決隘的事件，總可減少。乃進到江蘇不久，忽然被約
束得很厲害，激成它的反抗自是意中的事。築堤束水以攻沙，

---

[369]　同上一〇二。徐是順治康熙時人。
[370]　《金鑑》二四。
[371]　《經世文編》一百。

在一般理論上雖非毫無意義，可是裡面還有更重要的問題，即特殊環境，處於「一束一放又一束」的最後一個環節，中間沒有宜洩的旁支，是否可以應用哪個理論呢？

季馴批評人家時曾說過：「新河闊二十餘丈，深僅丈許，較故道僅三十分之一，豈能受全河之水？」將新河比舊河無異於將下游比中游，依此推理，豈不是下游「較中游僅三十多分之一，豈能受全河之水」嗎？他在《兩河經略書》又說：「讓遠而勿與爭地，於是乎堤可固也。」[372] 放寬河道和應用滾水壩，實際就與分洩幾無以異。季馴未詳審下游的實際，只知普通的理論，即是沒有從實踐去了解，所以碰到泗州城積水不消，便束手無策，這件事給予我們以極好的教訓，我們要細細體會它啊。

元至治元年瞻思（清改沙克什）《重訂河防通議》說：「蓋由河堤太狹，一川不能兼受數河之任，雖增高堤防，勞費百倍，而亦不能（？免）潰決之患耳，此必決之勢一也。」既有天然之束，復加以人工之束，一再扼迫，要它不鋌而走險，是難乎其難的。

黃和淮並無必須同路出海的理由，黃河固然含多量的沙泥，但當黃河獨自出海時，又何嘗靠別的水來替它刷沙，所

---

[372] 《金鑑》二七。

以張企程之主張分淮，林熙春之主張分黃（都是萬曆二十二年事），本來值得考慮的。現在且慢談這一層，單就季馴的迫淮注黃來說，那就同於驅群羊敵猛虎；群羊的力量能否抵抗猛虎，我們事前應有過精密的計算，如果只是一味蠻逼，群羊的結果也就不問而知。當黃河並無分洩，到大漲的時候，淮水斷不能跟它爭勝，這是無人否認的事實。

王士性說：「自徐而下，河身日高而為堤以束之，堤與徐州城等，束益急，流益迅，委全力於淮而淮不任，故昔之黃、淮合，今黃強而淮益縮，不復合矣。」（萬曆十五年）張貞觀說：「淮之由黃達海者唯清口，自海沙開濬無勘，因而河身太高，自河流倒灌無已，因而清口日塞，以致淮水上浸祖陵，漫及高寶。」（萬曆二十年）都未嘗不道中當日黃、淮交鬥的多少利病，否則依季馴的計畫，門限沙自應逐漸消除，為什麼季馴四任河務以後，依舊阻塞？照這樣看法，季馴之築堤障淮，逼淮敵黃，其總結果反使得淮不得出而倒灌為患了。總括一句，逼淮敵黃，於理論和事實上都是走不通的。

胡渭又說：「且淮之旁流日多，則正流日弱，於是刷沙無力而黃水益橫，清口就淤，勢不得不倒灌淮南。」[373] 須知問題的重點是全淮能否敵全黃，如其不能，則清口之內，河必多少

---

[373] 《錐指》四〇下。

倒灌，倒灌而遇著抵抗，則流窒泥停，跟黃、潮相遇的情勢一樣，因而造成清口的淤塞。古語說「不度德，不量力」，季馴之逼淮敵黃，就陷於這個毛病。但當日既無法使黃、淮不會，會合的地方終久又閉合淤塞，所以根治的辦法，依當時可能做到來說，清口就非挑浚不可。

有人問我，清口何以至嘉靖而後淤？這也須略加解釋，明代初期黃河之入淮，更有經潁、經渦的兩途。換句話說，自清口流出的水量，是黃、淮合併體，其勢強，經過清口外的黃河不過黃河之一支，其勢弱。但自弘治以後，潁、渦不常受黃河，經過清口外的黃河逐漸加強，所以，嘉靖十三年，朱裳便已提出清口淤塞的警告。前頭的話，我初時以為只個人私見，後檢得萬曆五年吳桂芳復政府書，才知道他的看法早已如此，他說：「歷宋元我朝正德以來，經五百年，黃河自淮入海而不壅塞海口者，以黃河至河南，即會淮河同行，循潁壽至鳳泗，清以滌濁，泥滓得以不停，故數百載無患也。蓋是時黃水循潁壽者十七，其分支流入徐州小浮橋者才十三耳。近自嘉靖中，徐州小浮橋流經徐、呂，二洪屢濫，當事者不務遠覽，乃競引黃河全部徐、邳，至清河始與淮會，於是河勢強而淮流弱，滌蕩功微，故海口漸高而氾濫之患歲亟矣。」[374]

---

[374] 《利病書》二六。

　　從現實來講，任何的河口如有淤澱，那必一天一天向外擴展著，如伊朗的幼發拉底河，中國的長江、珠江，尤其是現在的黃河口，都是明顯的例證。季馴認為「上流既急，則海口自闢而無待於開」，好像是有點外行的話（難道不會橫決嗎），跟他自己所稱「縱乘潮退施工，而一沒之後，濁流淤泥，隨復如故」，更相矛盾（來幾句比較尚有理由）。而且據我們所了解，刷沙也有其限度，靳輔曾說，「河身淤土有新、久之不同，三年以內之新淤，外雖版土，而其中淤泥未乾，沖刷最易。五年以前之久淤，其間淤泥既乾，與版沙結成一塊，沖刷甚難，故必須設法疏濬」[375]，是治淤本身不能專靠束刷。再者，《行水金鑑》卷首說：「在宋則有疏濬黃河司官。明天順初，河道三年一挑浚。嘉靖中，奏準凡臨河州縣，各造上、中、下三等船，並置鐵扒、尖鋤，疏濬淤淺。……自隆、萬間創以堤束水以水攻沙之說，而黃河遂不言疏濬矣。」那麼，疏濬之廢弛，季馴實負一部分的責任，唯其所見太偏，故有「但當防水之潰，無慮沙之塞也」[376]那一類極端的話。

　　吳從憲說：「河潦內出，海潮逆流，停蓄移時，沙泥旋聚，以故日就壅塞。」（引見前文）《淮南水利考》也說：「海口本自無淤，近日之淤，以黃沙而然。正口減半入旁口，旁口數

---

[375]　《經世文編》九八。

[376]　《金鑑》二九。

十道不嘗也。蓋海水潮汐日二至，每入也以二時，其出也亦二時，二時之出系淮水，二十之入則海水，海水遏淮水不得流者每日有八時，黃沙能無停乎？」[377] 故無論上流怎樣急，遇到海潮逆上的抵抗力，沙泥必然停下，《水利考》所說，「海之深不知其幾千萬丈，而沙出其上，人工所去，每日不能尺寸，而潮汐一至，頃刻而平」[378]，就是這個道理（袁黃以為「海沙逆上」[379]，是誤會的）。可見海口自闢，純是唯心的幻想。

徐乾學治河說：「論者曰，堤防既立，水必歸槽，藉以沖刷海口，可見不浚自開。然沙壅日久，土堅且厚，即決以塞，而欲用水攻沙，正恐下流難達，其勢必將別潰。」[380]

康熙十三年，江蘇布政慕天顏疏稱：「或謂海口廣闊，凡二三十里，狹者亦十餘里。從來無浚海之法，蓋止用水攻之為愈。不知古之決於淤，不盡如今之甚，用古法而莫識變通，又膠柱刻舟矣。」[381]

陳璜說：「若曰海口竟不可施工，印川之說，不無漏議焉。」[382]

---

[377]　為據《錐指》四〇下。
[378]　同上。
[379]　同上。
[380]　《經世文編》九七。
[381]　同上九九。
[382]　同上九八。

167

盧法爾說：「海口必須有機器挖沙，不能待水自刷。」[383]

這些都是針對現實的話。若胡渭所說，「雲梯關海口漸淤，亦由旁口之太多，苟非借水攻沙，而恃人力以通之，則海口終不能開也」[384]，無非引申潘季馴的論調。但旁口的構成，是淤澱的結果，人們如果無法阻止淤澱，就無法消除旁口，潘季馴、胡渭兩家都認為不須依恃人力 —— 勞動，海口自通，生在目下唯物辯證法昌明的時代，其荒謬更不必詳辯。

又潘季馴找出草灣一開，西橋以上正河遂淤，作為海口不應開支渠的反證，似乎振振有辭。然而近海的地方，即使不參加人工，旁口亦盡多，已詳前文，現下黃河口的正流，也隨時變遷無定。而且據萬曆四年，吳桂芳說：「草灣地低下，黃河沖決……去歲草灣迤自決一口。」那麼，西橋以上正河之淤塞，也許因河床遇高，水性就下的影響，當日水文的情勢，已無法檢查，潘季馴所駁，就不能信為確立。

分黃、分淮非毫無成效，最低限度亦以救了當日之急。胡渭說，萬曆「二十一年，淮復決於高良澗（在淮安府西南七十里，志雲九十里），[385] 凡二十二口，旋築塞之。明年，黃水大漲，清口沙墊，阻遏淮水，不能東下，於是挾上源阜陵（「在

---

[383] 《再續金鑑》一三九。
[384] 《錐指》四〇下。
[385] 在洪澤湖的東邊。

高堰西南二十餘里」）諸湖 [386] 與山溪之水，暴浸泗州陵，州城淹沒，科臣張企程請導淮分注江、海以救祖陵。二十三年，淮復決高堰、高良澗諸處，尋築塞之。明年，河臣楊一魁以黃、淮沖溢，乃議分黃導淮，闢清口沙七里，達淮之經流。建武家墩（「在高堰北十五里」）、[387] 涇河閘（涇河在寶應縣北三十里）以洩淮之旁溢。又建高良澗減水石閘，子嬰溝（在寶應南六十里）、周家橋（「北去高堰五十里」）減水石閘，一自岔河下涇河，一自草子湖（在寶應縣西南五十里）、[388] 寶應湖下子嬰溝，俱通廣洋湖（在寶應縣東南四十里）及射陽湖 [389] 入海。猶慮淮水宣洩不及，南注各湖為患，又開高郵西南之茆塘港（在州西南六十里），通邵伯湖，開金家灣下芒稻河（在揚州府東三十里）入江以殺淮漲（一魁所舉行，大抵本企程之說），自是淮患漸平」。[390] 同時，又「開桃源黃河 [391] 壩新河，起黃家嘴至安東五港、灌口，長三百餘里，分洩黃水入海以抑黃強。」

　　這種事實，取與「祖陵被水，季馴謂當自銷，已而不驗」，

---

[386]　洪澤湖亦稱富陵湖（《錐指》四三），即阜陵的音轉。

[387]　當即近世圖之武家鎮。

[388]　《武昌圖》，寶應縣的西邊有草澤河。

[389]　萬曆二十三年祝世錄稱：「射陽名為湖，實則為河，闊僅二十五丈。」（《金鑑》三七）在那一帶地方往往「河」、「湖」通用，前條注草子湖又叫草澤河，也是一個例子，並參下注 91 引雒遵的奏語。

[390]　《錐指》四〇下，凡附有「」符號的，都是從同書別一段的注抄入。

[391]　應作「黃塚」，見前十三節上注 149。

不是一個強烈的對照嗎？朱澤澐《治河策》上：「劉大夏之治河也，使不分河由中牟至潁州，由亳州入渦口，雖有胙城、徐州之長堤，吾恐金龍口之決必不能塞，黃陵岡之潰必不能止。不使不分河由宿遷小河入淮；則濟、沛、邳、徐必不免於沖決。……上流既可分而為三，下流獨不可分而為二乎？……夫黃至清河，其必分者勢也，開封而東，或二或三，時淤時浚，分不一道，獨至清河則歸於一，黃至清河，將入海之處也，猶九河亦將入海之處也。……今合淮、黃而為一，欲黃不灌淮，淮不東潰，得乎哉？」[392]

固堤更是季馴治河的出發點，他「以淮水北岸有王簡、張福二口，淮水每從此洩入黃河，致淮水力分而清口淤淺，且黃水泛漲，亦往往有此倒灌入淮，於是並築堤捍之」[393]（堤在清口西三里。王簡亦稱王家口。今洪澤湖的東北尚有張福口引河）。牛應元譏其「置全淮正流之口不事，復將從旁入黃之張福口，一併築堤塞之，遂倒流而為泗陵患」（萬曆二十二年）。《明副書》也稱：「然堤堰雖堅，而疏濬無法，以致流沙日壅，清口日淤，泗陵水患，實基於此。」[394] 其實這等地方未嘗不可設閘宣節，像胡渭所說：「後議者又以束淮太迫，於張福堤窪處

---

[392]　《經世文編》九七。
[393]　《錐指》四〇下。
[394]　《金鑑》一五六。

黃韶、王簡二口，置減水閘二，淮溢則從之外出，黃溢則遏其內侵。」[395] 後來季馴剛剛離職，淮水便自決張福堤（萬曆二十年），王士性曾謂：「數百萬生靈之名，託之一丸泥，決則盡成魚蝦。」

　　專恃堤以為固，不單止危險性頗大，實還未算盡了治河的人事。劉寰偉嘗說中國河道有七特點，其一即「從來以堤防為唯一之治水方法，未嘗謀及河身之開濬及水流之利便，每潰決必謀增高，而不知堤防愈高，水勢愈凶，而災象亦愈險。」[396]劉氏又說：「中國堤防之用，由來久矣，學者僉以為莫善之良法。其說謂以堤束水，以水刷沙，似此以水治水，較諸人工挖掘，事半費省而功倍。殊不知堤防之為患，正以其束水，正以其刷沙；沙既被刷而起，繼必沉澱於下流，下流因沉澱而浸高，上流又因刷削而浸低，是全河之斜度日浸少，而平均速率日減，由是全河之沉澱分量日益增而河底日益高矣。」[397] 季馴似未想到那一方面。更其是，季馴自己有時也不能不採用洩的方法，如萬曆十八年，徐州城積水踰年，「季馴浚魁山支河以通之，起蘇伯湖至小河口，積水乃消」（今徐州東南有奎山，山南有奎河），便是一個例子。季馴曾說，「若令河決上流，固

[395]　《錐指》四〇下。
[396]　《科學》五卷九期九三四頁《水利芻言》。
[397]　同上八期八二六頁。

宜用疏」（《全河備考》引他萬曆六年的奏疏），是他承認上流當用疏。他又說：「黃河之濁，固不可分，然伏秋之間，淫潦相仍，勢必暴漲，兩岸為堤所固，不能洩則崩潰之患，有所不免。」[398] 言外之意，更覺得下游有時也需要宣洩，且證明「殺黃於淮流之既合，不若殺於未合」了（見前引張貞觀的話）。

吳應明說：「先因黃、淮遷徙無常，設遙、縷二堤束水歸漕，及水過沙停，河身日高，徐、邳以下居民，盡在水底。今清口外則黃流阻遏，清口內則淤沙橫截，強河橫灌上流，約百里許，淮水僅出沙上之浮流，而瀦蓄於盱、泗者遂為祖陵患矣。」（萬曆二十二年）查宋以前已有遙堤、縷堤（司馬光奏滄、德界有古遙堤，見《宋史》九一。又熙寧七年劉璯請築縷河堤，見《宋史》九二）的名目。賈讓說，「齊地卑下，作堤去河二十五里，河水東抵齊堤，則西泛趙、魏，趙、魏亦為堤去河二十五里，雖非其正，水尚有遊蕩」[399]，就是最古的遙堤記錄。

嘉靖初，總河龔弘奏：「臣嘗築堤起長垣，由黃陵岡抵山東（單縣）楊家口，延袤二百餘里。今擬距堤十里許再築一堤，延袤、高廣如之，即河水溢舊堤，流至十里外，性緩勢平，可無大決。」是季馴之前四十餘年，已有人兼用遙、縷二

---

[398] 《河防一覽》。

[399] 《漢書》二九。

堤來治河，不是季馴所創始。[400] 兼用遙、縷二堤，即兵法的第
一、第二道防線，應明對遙、縷二堤的不滿未免有點過火。可
是中溜的流速，往往急於兩旁，像牛應元說：「當事者計無復
之，兩岸築長堤以束曰縷堤，縷堤復決，更於數里外築重堤以
防曰遙堤，雖歲決歲補而莫可誰何。」（萬曆二十二年）黃水挾
沙量以暴漲時為最多（涇、渭流量最大，渭又挾沙最多），水過
縷堤，勢必一緩（龔弘所說），那麼，遙、縷二堤的中間就很容
易淤高，是遙堤與束水攻沙原包含著內在的矛盾。

再看季馴其他的行事，當他初任總河那一次，朱衡監理
河、漕，主張開鑿新河，他則主張恢復留城 [401] 故道，跟朱衡
不和。及再任總河時，翁大立「以開泇口，就新沖、復故道三
策並進，且言其利害各相參」，他仍然堅持其往日的主張，要
恢復故道。鄭肇經對朱、潘兩人的不同意見，曾有過一個批評
如下：

衡意循盛應期之舊跡，季馴思復賈魯之故道，其說皆是而
意各有主。衡以治漕為先，季馴以治河為急，當時所急者唯在

<hr>

[400] 劉天和奏，「上自河南之原武，下迄曹、單、沛上，於河北岸七八百里間，擇
諸堤去河遠且大者及去河稍遠者各一道，內缺者補完……務俾七八百里間均有
堅厚大堤二重」（據《治河論叢》二四頁轉引），亦是兼用遙、縷二堤，劉於嘉
靖十四年任總河，也在季馴之前。
[401] 《利病書》三七，泗水由沛縣至謝溝入徐州境，十里為留城，有閘，又七十八里
至徐城。參十三節上注 126。

於漕，從衡之言，漕可不為河侵，從季馴之議，力將憂其不
繼，故舍馴而從衡也。至權其輕重，則河尤重於漕，蓋河可以
兼漕，可循軌而漕不為患，漕不能兼河，河橫決而漕亦受沖，
惜當時帑藏空虛，故賈魯故道力不能復。[402]

　　他說「舍馴從衡」，首須作一點補充，據《明史》八三，嘉
靖四十五年二月，遣何起鳴往勘河工。起鳴還奏，舊河之雖
復有五，宜用衡言開新河，而兼採季馴言不全棄舊河。「衡乃
開魚臺、南陽抵沛縣留城百四十餘里，而浚舊河自留城以下抵
境山、茶城五十餘里，由此與黃河會。又築沛縣馬家橋堤三萬
五千二百八十丈，石堤三十里，遏河之出飛雲橋者，趨秦溝以
入洪，於是黃水不東侵，而沛流斷。」若季馴所主復的則為沛
縣留城以上至曹縣新集的故道（新集淤於嘉靖三十七年），工程
較長，也不盡是賈魯的故跡（賈魯的河不經沛縣，可參前節）。
然而這不是討論的焦點，我以為河重於漕，鄭說並不誤，但明
代治河的最難處就在治河必先顧運。換句話說，就是處理第一
等問題時，總被第二等的問題糾纏著，容易使人輕重倒置。朱
衡的計畫本是要把運河移到較安全的地帶，不至受黃河改變的
影響，固然多半為漕設想，但其間接結果，卻可使黃跟漕漸漸
離立，河不受漕的束縛，於治河是很有利的。再者，衡的新開

---

[402] 《水利史》四九頁。

河仍下接留城，在保漕方面，未算徹底，然為後來開泇河鋪下一條先路，利用至於清末（參下文）。根據這兩項理由，我的意見所以要倒向朱衡那方面去。如果依照季馴的主張，這一段運道總要跟著黃河來走，黃河稍有變，漕即受阻，豈不是治河的人自討苦吃？季馴第二次總河時，以「漕船行新溜中多漂沒」而被罷免，就是吃這種眼前虧了。總之，季馴不設想將漕和河分離，偏要堅持著漕和河的合併，我們不能不認是他的短視。

最後，前文胡渭對季馴的總評，也不可不辯論一下。他以為百餘年來治河之善，沒有人像得季馴，但善在那裡？卻缺乏實證。季馴第三次辦理河務後，不及十年，上游之祥符、蘭陽、東明、長垣同時沖決，我批評他的計畫，非顧到整個黃河，並沒有太過分。當萬曆十六年他四任總河時，雖曾奏稱，「河南黃河上流三門、七澤而下，地土平疏，每易沖決，特非運道所經，往往忽視，以為無虞，而不知上源既決，運道未有不阻者，故修守之法，在河南尤屬緊要」[403]，卻未見怎樣實際施行。婁樞說：「若導河南之水南入淮，河北之水北入衛，雖非至葉，比之開支河則工省而易成，導黃河則勢小而易制耳。三十年來，工多施於曹、單之下，而遺於汴省之上。」[404] 末兩句恰能道出潘季馴的短處。又同時，徐州積水踰年不消，也是

---

[403] 《金鑑》三二引《神宗實錄》。
[404] 《利病書》三九。

罕見的現象。人們之所以推崇王景，無非因為他施工之後，經
過七八百年，黃河無大變動。而季馴的成績又怎樣呢？閻若璩
《潛丘札記》雖稱《河防一覽》為平成之書，但他也說：「考萬曆
六年潘司空季馴河工告成，其功近比陳瑄，遠比賈魯，無可移
易矣。乃十四年河決范家口，又決天妃壩，二十三年河、淮決
溢，邳、泗、高、寶等處皆患水災，天啟元年河決王公堤，安
得云潘司空治後無水患六十年？」（范家口在淮安府城東十五
里。王公堤在山陽南岸，萬曆三年漕督王宗沐築）這段話無異
是對潘季馴的成績挑戰。中國歷史不少隨聲附和的怪象，比方
某人獲得若干名人推舉，便可久享大名。張貞觀奏，「海口之
塞，則潮汐莫窺其涯，難施春畚鍤，唯淮、黃合流東下，河身
滌而漸深，海口刷而漸開，亦事理之可必者」（萬曆二十年），
那是贊成束水攻沙最早的言論。後來再經胡渭、靳輔一輩的稱
頌，季馴治河的盛譽也就因而確立了。

　　鄭肇經於季馴三次離職時，又有「及（張）居正敗，言者
交劾，遂以黨庇居正落職，而河事自是復棼矣」[405] 的批評，
這種輕鬆的批評，即有失實的地方，也令人不易發覺。據《明
史》八四及二二三，季馴已於萬曆八年秋升為南京兵部尚書，
不復管理河務，而改由督漕的兼辦，於時「高堰初築，清口方

---

[405] 《水利史》五五頁。但居正死後奪官籍家在十一二年，季馴於十一年正月改刑部
　　　尚書，也不是從河務落職。

暢流，連數年河道無大患」，河事還算不得「復夢」。至萬曆十四、十五年沖決才漸多，然十六年季馴便四出總河，連任之四年之久，河事即復夢，要有充裕的時間給他整理，是萬曆二十年前後河工之壞，季馴斷不能完全卸責。鄭氏唯知替季馴惋惜，遂至忽略了當日的事實。進一步說，享大名如季馴，光是「連數年河道無大患」能夠滿足我們的願望嗎？

　　《治河論叢》曾說，「潘季馴氏倡以堤束水、以水攻沙之議，一改疏、浚、塞並行之說，開明、清治河之新途徑，潘氏對於治河研究之精深，為歷代最」[406]，似仍憧憬著季馴的大名。但在別篇論文裡面又說，「潘氏論堤之重要，極為精闢，足徵堤防不可盡廢，惜只有堤防，仍不足以治黃河也」[407]，「例如束水攻沙之策，頗可採用，然欲解此問題，則流量、速率、衝擊、糙率、地形、切面等等，無一不需長時期之研究，若倉卒就事，則難免遺誤將來」[408]，立論較為平穩。潦水猝至，淹沒廬舍，堤不可廢，是任何人皆知的；水急則泥沙的沉下減少也合乎理想，然無論如何，總不能達到完全不澱的程度，問題只在澱的緩急與多少和最後沉澱的地點，所以奉固堤為唯一的主要的治河策略，我們總不能無疑。

---

[406]　《治河論叢》二二頁。

[407]　同上五五頁。

[408]　同上七三頁。

總而言之，季馴曉得說「必先求河水自然之性」，而卻未能抓著自然性最重要的一點。他知道「治河無一勞永逸之道，唯有補偏救弊之策」，卻一成不變，未能做到隨時補偏，沒有把理論和實踐密切聯合，是他認識不真所致。

▌六、表揚劉天和

季馴之外，明代治河值得表揚的卻有一位，就是劉天和。天和，湖廣麻城人，《明史》二百有傳。正德戊辰進士，嘉靖十三年，代朱裳為總河，十五年改兵部侍郎，總督三邊軍務，後來因病退休，死於二十四年。

劉天和治河雖沒有赫赫的功勞，卻攻於心計，如「用平準以測浚之淺深」（「水平法，用錫匣貯水，浮木其上，而兩端各安小橫板，置於數尺方棹之上，前堅木表長竿，懸紅色橫板而低昂之，必於匣上橫板平準以測高下，凡上下閘底高地及所浚河底淺深，悉藉此以度之」）、「施植柳六法以護堤岸」（「日臥柳、低柳、編柳、深柳、漫柳、高柳」。十四年春天，「植柳二百八十餘萬株」）。浚梁靖口以東故道共一百九十餘里，「乃測於淺深，渡河廣狹，淤以尺計，工以日計」，不足三個月，便告成功（「淤之淺深，自數尺以至丈有九尺，通融計算，各

淤深一丈二尺九寸，議止浚一丈為準。復度河中心至岸，廣狹自三十餘步至四十五步，一以四十五步為準。復置方斗，深廣各一方，取泥實之，稱重一百四十斤，每一筐以泥百斤為準。浚河則以面廣十丈、地廣五丈通融折算，七丈五尺為準。浚河工每長一尺，廣七丈五尺，即得泥一千五十筐為準。復計春月每日可行百里許，抬泥止以往回五十里為準，餘為休息，以每里三百六十步計之，二人抬泥二百筐，然四人抬泥，即一人取泥，五人總計，各得泥八十筐，仍減十筐，止計七十筐。一人用工兩月，內以一月為陰雨天，泥水妨工，止計實工一月，是一人可抬泥兩千一百筐，即該分工二尺」）。他自己能勤奮愛勞動（「躬親測量，暴露風日，行泥淖中，遍歷諸閘」），對於作工的又很能愛護（「植廬舍以便居處，給醫藥以療疾病」），「蓋唯計工以定役，故為力甚簡；視徭役之成數以定役，吏胥無所容其奸，故民不擾；顧值唯計工不計日，故為費甚省；畫地分工，完即散遣，故人自為力；廬舍、飲食、器具、醫藥，勞勉周至，故民不知勞」。他又曾自己手製乘沙量水等器；在陝西時，嘗造單輪車、防火器、三眼槍等，著有《問水集》，[409] 比之只讀死書的強得許多，不能不算是明代一個出色的人物。

在天和之前，明人提倡沿河種柳的還有陳瑄、[410] 白昂（吳

[409] 《金鑑》二四及二五。
[410] 《經世文編》一〇一。

寬撰《昂傳》：「又修汴堤，今高廣如一，上樹萬柳，使不崩頹。」）[411] 和陶諧（呂本撰諧墓誌：「嘉靖初，為河南副使，管理河道；立法沿河植柳固堤」），[412] 並附記於此。

▌ 七、開泇河

治黃先須顧運，假使能把黃、漕分離，或使漕的一段不受黃的影響，減少黃與漕的接觸摩擦，不單止漕運安全，從治黃方面來看，也是再好沒有的事。所以開泇河的經過，不可不連帶敘述一下。

關於會通河的起源，前文曾大略說過，元末已廢棄不用。[413] 洪武元年，河決曹州雙河口入魚臺，時徐達方北征，因開魚臺的塌場口，引河入泗以濟運，始把會通河向南延伸著。二十四年，河決原武，漫安山湖而東，會通河遂淤。永樂九年，命宋禮復開會通河，禮用汶上老人白英的計策，築壩遏汶水盡出南旺湖（濟寧西北），以漕河西邊的南旺、安山（在南旺湖西北）、馬場（疑即馬常泊，在蜀山湖之南）、昭陽四湖為水櫃，豫備匯合山泉水來接濟漕河，東邊則設定陡門以便宣洩漲

---

[411] 《金鑑》二〇。
[412] 同上二二。
[413] 《明史》八五。

潮。又引黃河之塌場口，會汶水經徐、呂二洪入淮。運河這一段，明人稱作閘河[414]（又稱閘漕），北至臨溝與衛河會。南出茶城口（即鎮口附近）[415]與黃河會。自南旺北至臨清三百里，設閘二十一（此數據《明史》八五。《錐指》四〇下引袁黃說作十七。按《明史》下文也稱宋禮時置閘三十八，那麼，二十一當是後來增加的數目），南至鎮口三百九十里，設閘二十七（袁黃作二十一，再加十七，恰是三十八）。舊日運道，自南而北出清口，經桃源、宿遷，溯二洪入鎮口，所經黃河五百餘里，[416]所以黃河稍有潰溢、改變，轉運便很受影響。

開泇河之議，《明史》八七以為「始於翁大立，繼之者傅希摯，而成於李化龍、曹時聘」。我以為它的動機，可上溯到嘉靖六年，是時胡世寧曾奏：「為運道計，則當於（昭陽）湖東滕、沛、魚臺、鄒縣間獨山新安社地，別鑿一渠，南接留城，

---

[414] 《錐指》四〇下。

[415] 據《明史》八五，汶、泗之水本在茶城會黃河，隆慶時濁流倒灌，移黃河口於茶城東八里，建古洪、內華二閘，漕河從古河出口。後黃淤益甚，萬曆十五年，楊一魁改建古洪閘；神宗又聽常居敬的話，於古洪外增築鎮口閘，距河僅八十丈。又《明史》八七，鎮口北至夏鎮百二十里。《夏鎮漕渠志》則以為萬曆十年，凌雲翼改漕河口於茶城東八里，建古洪、內華二閘，十六年楊一魁增建鎮口閘（《利病書》四〇），疑《明史》八五有錯誤，參十三節上注159。

[416] 本段史料除有特注的外，均見《明史》八五。按《明史》八四，萬曆元年鄭嶽稱，運道自茶城至淮安五百餘里，又《明史》八七，萬曆三十八年蘇唯霖稱，自清河達直河口二百四十里，自直河口達鎮口二百八十餘里，相加為五百二十餘里，均與本文五百餘里相合。唯《明史》八七，萬曆三十二年工部覆奏，「以二百六十里之泇河，避三百三十里之黃河」，三百三十比二百八十餘多四十餘里，或所計的起止地點互有不同。

北接沙河，不過百餘里，厚築西岸以為湖障，令水不得漫，而以一湖為河流散漫之區，乃上策也。」同時，李承勳的意見也和世寧一樣。[417] 七年正月，總河盛應期依照世寧的計畫，於昭陽湖東鑿新河，自江家口南出留城口，長百四十里，工程僅僅做了一半，因同年七月應期免官，遂停頓下來。[418] 到四十五年，[419] 朱衡監理河、漕，查得應期所開新河的故跡尚在，地勢較高，黃河水至昭陽湖後，不能再東決，隆慶元年五月，才把工程完成，[420] 那已經替開泇河的計畫預備一條先路了。舊運河是「自留城以北，經謝溝、下沽頭、中沽頭、金溝四閘過沛縣，又經廟道口、湖陵城、孟陽、八里灣、谷亭五閘而至南陽閘」；新運河則「自留城而北，經馬家橋（在沛縣微山湖西）[421]、西柳莊、滿家橋、夏鎮、楊莊、朱梅、利建七閘，至南陽閘合舊河，凡百四十里有奇。」[422]

隆慶三年，朱衡及總河翁大立皆請於梁山之南，別開一河以通漕運，避秦溝、濁河之險。[423] 大立說：「按行徐州，循子

---

[417] 《明史》八三。

[418] 《明史》八五。

[419] 同上稱：「其後三十年朱衡……」按自應期罷官，至是已三十八年。

[420] 《明史》八三。

[421] 清人稱微山湖為宣濟山東八閘及江南邳，宿運河的水櫃，見《咸豐東華錄》四〇。

[422] 《明史》八五。滿家橋就是《淮系分圖》五三的滿家閘；分圖在珠梅（即朱梅）閘之北，又有滿家橋，是吳地同名。

[423] 《明史》八三。跟朱衡同時的劉堯誨卻主張「當以黃河遠運河，不當以運河遠黃

房山，過梁山，至境山，入地濱溝，直趨馬家橋，上下八十里間，可別開一河以漕。」[424]（這個梁山，與梁山伯的梁山同名不同地）不久，漕運復通，遂未執行。[425] 萬曆三年，總河傅希摯舊事重提，大致說：「上起泉河口（即泗水），水所從出也，自西北至東南長五百三十里，比之黃河近八十里，[426] 河渠、河塘，十居八九，源頭活水，脈絡貫通，此天之所以資漕也。誠能捐十年治河之費以成泇河，則黃河無慮壅決，茶城無慮填淤，二洪無慮艱險，運艘無慮漂損，洋山之支河可無開，境山之閘座可無建，徐、呂之洪夫可盡省，馬家橋之堤工可中輟，今日不貲之費，他日所省抵有餘者也。」之後，主張開泇河的人越來越多。二十二年，舒應龍開韓莊（在微山湖東）洩湖水，泇河始通。[427] 三十一年，總河李化龍再度議開泇河，與邳州的直河相接。[428] 遞年正月，工部核覆說：開泇有六善、二不疑，「泇河開而運不借河，河水有無聽之，善一。以二百六十里之泇河，[429] 避三百三十里之黃河，善二。運不借河，則我為政，得

　　　河」（《圖書整合・山川典》二二七引他的《治河議》），意見恰恰和朱衡相反。

[424]　《明史》八五。《圖書整合・山川典》二三五引《續通考》又說，「由馬家橋至境山四十里，由境山之（至）徐州洪四十五里」，此道不經茶城（即是說，境山在茶城之東）。地濱溝亦作地崩溝，見前十三節上注 127。

[425]　《明史》八五。

[426]　兩數相加為六百一十里，又與前注 78 所引各說不同。

[427]　同前《利病書》引《夏鎮漕渠志》。

[428]　《明史》八四。

[429]　同上八五：「自直河之李家港二百六十餘里。」又同前《整合》引《續通考》，隆

以熟察機宜而治之，善三。估費二十萬金，開河六百二十里，視朱衡新河事半功倍，善四。……」由此可知泇河此年八月大致完工。但那時糧船不知新河實際情形，只有一部分行走，[430] 又碰著同時黃河決豐縣，由昭陽湖穿李家港口出鎮口，[431] 數年之間，或舍泇由黃，漕運阻滯，執政方面大有舉棋不定之勢。三十八年，蘇唯霖疏請專力於泇，大略說：「黃河自清河桃源北達直河口，長二百四十里，此在泇下流水平身廣，運舟日行僅十里，然無他道，故必用之。自直河口而上，歷邳、徐達鎮口，長二百八十餘里，是謂黃河。又百二十里方抵夏鎮。其東自貓兒窩（按今《武昌圖》，宿遷西北有貓兒窩，靳輔《治河餘論》說「貓兒窩迤西彭家河至荊山口，約長一百三十里」），泇溝達夏鎮，止二百六十餘里，是謂泇河。東西相對，捨此則彼，黃河……無一時可由者，溺人損舟，其害甚劇，泇河計日可達，終鮮風波……數百年之利也。」以後糧艘北上，遂多走泇河，唯因河身狹窄，冬春回空時仍取道黃河。[432]

慶六年閏二月雒遵奏：「泇口河從馬家橋東過微山、赤山、呂孟等河，逾葛圩嶺而南，經侯家灣、良城至泇口鎮，又涉蛤鰻、周、柳諸河，乃達邳州直河以入黃河，凡二百六十里。」與下文所引蘇唯霖的話也相同。唯萬曆三十三年李化龍奏，「以三百六十里之淤途，易而為二百六十里之捷徑」（《金鑑》四二引《神宗實錄》）則又與下句「三百三十里」不合。

[430]　《明史》八七。
[431]　同上八四。
[432]　同上八七。

總括來說，洳河約長二百六十里，置閘十一，運舟不復出鎮口，從直河東南經宿遷之黃墩湖、駱馬湖，由董、陳二溝入黃河，避去二洪的艱險；開了之後，漕運要經的黃河不過二百餘里。[433] 說洳河之利而語最深切的，莫如工部的覆奏，它指出運不借河，則可聽任河水之有無，而且處主動地位，更易於相機處理。至剩下的黃河二百餘里，我以為也可別想辦法來替代（清康熙二十六年，靳輔自張莊閘起，經駱馬湖口，繞過宿遷縣北，至清河縣西仲家莊，開挑新河行運，[434] 即避開這一段黃河的艱險）。靳輔《治河要論》說：「議者莫不以為治河即所以治漕，一似乎舍河別無所謂漕也。雖然，水性避高而就下。地為之，不可逆也，運道避險而就安；人為之，所慮者為之或不當耳。有明一代治河，莫善於洳河之續。」[435] 不推季馴而推洳河，確是靳氏的卓識。孫嘉淦在他的《請開減河入大清河疏》裡面，批評明人的治河，也說：「河用全力以爭之，必欲北入海，人用全力以堵之，必使南入淮，不能別籌運道而虧國計、害民生、逆水性以為此，亦可謂拙於謀矣。」[436] 由此，可見季馴當時治理黃河，並沒有抓得重點而自尋煩惱，他的見解還是

[433]　參據《明史》八五及八七。靳輔《治河要論》說：「後直河口塞，改行董口，及董口復淤，遂取道於駱馬湖，由汪洋湖而西北行，四十里始得溝河，又二十餘里至窰灣口而接洳。」（《經世文編》九八）

[434]　《水利史》二二六頁。

[435]　《經世文編》九八。

[436]　同上九六。

在同時的朱衡、翁大立之下。然而季馴治河的能力，歌頌至於
不衰，開迦河的重要，很少有人提及，哪能令人不怪責歷史家
的短視呢？孫承宗說：「劉公大夏治其上法，在以河避運，於
是塞黃陵岡以保張秋。朱公衡治其中法，在以運避河，於是開
南陽湖以安徐、沛。近開迦河，稍仿南陽。」[437] 那是明人論治
河較為簡要的話，但我的私見，以運避河易，以河避運難，工
程當從簡單的著手，以運避河，還應列為上法。

　　明代河務一團糟，是有史以來最壞的一個時期，不易把握
全域性，現在只好摘些重點，作簡括的結論。

　　明代，尤其中葉以後，治河兼須顧運，更晚一點，又須顧
陵。顧陵的問題倒容易解決，顧運卻非常棘手了。運河由江北
直達天津，黃河自陝、豫東向大海，無論怎樣走法，兩者必須
相交於一點，但人們總存著黃必不可北的成見，治河就給治運
糾纏住。胡世寧首倡以運避河（一五二七年），卒之事隔七十餘
年（一六〇四年），迦河才大致開成。無疑運道要靠黃河的還有
二百餘里，然而已脫離了徐、呂二洪三百多里的束縛，對於治
黃總減去許多阻礙。孫承宗認以河避運為上策，以運避河為中
策，只是明人的見解；靳輔以為「有明一代治河，莫善於迦河
之續」，批判是正確的。

---

[437]　《錐指》四〇下。

金人南侵，汴河失其效用，又碰著黃河原日自滎澤東北向滑、浚的幹線，逐漸擺回南方，把千餘年來作為黃河支流的汴渠西段，恢復其千餘年前作為黃河正流的真面（就實際上來講，汴河並沒有消滅）。蒙古初期，首演變名奪渦、奪潁（及奪睢）的新劇，其實那只是舊劇翻新而已。到蒙古末期及賈魯治河的結果，開封以東黃河所走的路，大致同於金明昌五年以後的河道，再追溯上去，又大致同於隋以前的汴河（參前第九節），所以明人也稱賈魯故河作「汴河」（見嘉靖五年戴金奏）。更因為黃河的一部最少曾行走了這條路千餘年（或不知多少年），人們又認它是「銅幫鐵底」。

萬曆二十五年（一五九七年）以前，黃河的變遷，大致已見所引楊一魁奏疏，現在不在復敘。以後，除四十四年（一六一六年）一度入渦，又崇禎十五年（一六四二年）人工潰決之外，河患幾全數發生在商丘之東。

黃河會淮的路，除去賈魯故道不計，從西邊數起，可有四支：

（1）潁水　河自滎澤孫家渡經中牟、陳州、潁州，至壽州正陽鎮入淮。

（2）渦水　河出蘭陽趙皮寨，經睢州野雞岡及亳州，至懷遠入淮。

（3）白河或白洋河（睢水） 同前自趙皮寨出寧陵北，經歸德飲馬池南，過夏邑、宿州（北符離橋）及睢寧，至宿遷小河口會泗入淮（小河口及睢水出洩故道），也有人稱為符離河。

（4）從曹縣梁靖口出魚臺塌場口（會泗入淮） 此外沖開的支流，名目非常之多，不單止遺跡已湮，書本上也難以考證，如要用一句話來形容它的混亂狀況，直可說是「黃河復古」。

潘季馴四任治河，是河史中很有名聲的人物。他極力主張固堤束水以刷沙，他又要應用遙堤，本來含著內在的矛盾，卒之泗州城積水經年不消，無法處理。推其原因，則由於清口（即黃和淮的會口）淤塞，黃水倒灌，淮不得出，淹浸各地。然而黃河侵入淮系，早在十二紀末，為什麼經過三百多年清口不塞，至十六紀初忽然嚴重起來呢？這個疑問，往日未有提出過，我們試檢查一下黃河歷來會淮的路徑，曾發生什麼變化，謎題就容易解答了。據前一節，元代河由渦會淮的時期，約占八九十年，又據楊一魁疏，明代正德以前河由穎、渦會淮的時期，在百年以上。換句話說，過去黃淮是先會合而後出清口，所以清口不塞。正德後在清口以西，黃、淮各走一途，黃強淮弱，淮不敵黃，所以清口倒灌。季馴沒有明白這種道理，唯是蠻橫地迫淮敵黃，早已注定他的失敗。清自乾隆末年起，治河

人員對於清口閉塞，束手無策，也是同樣缺乏了解。簡單說一句，季馴的見地還趕不上朱衡和翁大立，偏偏獨享大名，正所謂吠影吠聲了。

第十三節（下）　明代河患的鳥瞰

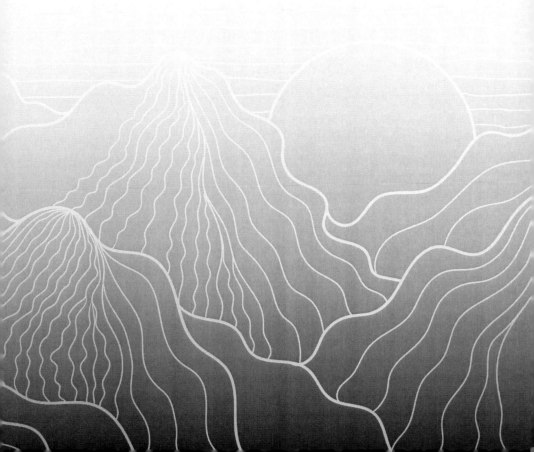

第十四節（上）
清代的河防

　　清人治河的技術，無疑比明人較為考究、周密，但整體而言，方式依然是守著明人的成規──治河必須顧運，並沒有什麼新的發掘。還有一點，他們更注重在築堤，成立了每年增高五寸之規定。《清史稿・河渠志》一說：「至滎陽以東，地皆平衍，唯賴堤防為之限，而治之者往往違水之性，逆水之勢以與水爭地。」又張含英說：「總之，有清一代皆遵潘季馴遺教，靳輔奉之尤謹。及其後也，雖漸覺僅有堤防不足以治河，但無敢持疑意者；即減壩分導之法，亦未能實行，不得已而專趨防險之一途，故河防之名辭，尤盛於清朝也。」[438] 由此可見，可以看出清人治河的輪廓。

▌一、清代河患的分期 [439]

(1) 清初時期

順治元年 （一六四四年）	夏，河復行故道。[440] 秋，決北岸小宋口，漫曹、單、金鄉、魚臺，由南陽入運。[441]	秋，命楊方興總督河道，駐濟寧。

[438] 《治河論叢》二九頁。
[439] 以下各表內所列舉的事實，除別有註明外，均參據《清史稿・河渠志》一。
[440] 詳細的考證見十三節上注 176。
[441] 《黃河年表》一三三頁，唯《清史稿》分敘在二年之下。複查內閣輿圖稱，小宋

二年 （一六四五年）	夏，決考城之流通集：一趨曹、單及南陽入運，一趨塔兒灣、魏家灣，[442] 侵淤運道。	
三年 （一六四六年）	由汶上決入蜀山湖。	劉通口決水北徙，午溝自豐至徐河流涸竭。[443]
七年 （一六五〇年）	八月，決封秋荊隆口、北岸朱源寨，[444] 潰張秋堤，挾汶由大清河入海。	

口元年決，二年閏六月築塞。

[442] 二年夏決考城，是據《金鑑》四六引《淮安府志》，也就是《河渠志》之二年夏決考城。《淮系年表》一一已於三年記「河決曹縣劉通口……或作順治二年決考城流通集」，其補遺又據《河渠志》補「二年夏河決考城」，則是同一事而於兩年下復出。今圖，考城東南及曹縣西北有魏灣，《利病書》三九引《曹縣舊志》，魏家灣在縣西七十里；又《行水金鑑》二二引《明史紀事本末》，明正德七年，總河劉愷「築大堤，起魏家灣，亙八十餘里，至雙堌集……曹、單以寧」。塔兒灣初屬曹縣，見前節崇禎四年下，乾隆後屬考城，見《續金鑑》四五。黃宗義的《今水經》是康熙三年甲辰自序，它說：河水「至兗州府曹縣界，分為二派，其一，東北流過潤州境東南六十里，同北清河（一名會通河）合衛以入海」，似係指順治二年的情狀。複查內閣輿圖稱，流通集二年七月決，四年四月塞。

[443] 這一條是據《河渠志》記載，《黃河年表》引《河南通志》作「自午溝至徐州一帶河流涸竭」，及注稱，「去年決口尚未塞，自午溝至徐州之古道乃涸竭」（一三四頁），與《河渠志》語意恰恰相反。

[444] 《金鑑》四六，順治七年下引《河南通志》作封丘朱源寨；但九年下引《目遊四海記》又作祥符朱源寨，《清史稿》同。《目遊四海記》作為九年之事，殆誤。

九年 （一六五二年）	決封丘北岸大王廟，[445] 由長垣趨東昌，壞安平堤，[446] 北入海。	於上游祥符時和驛一帶，多開引渠，引溜南趨以分其勢。[447]
十六年 （一六五九年）	決歸仁堤，入洪澤湖，灌高、寶。	
康熙元年 （一六六二年）	六月，決開封黃練集，[448] 灌祥符、中牟、楊武、杞、通許、尉氏、扶溝七縣。 七月，再決歸仁堤，挾睢湖諸水自決口入洪澤，直趨高堰，沖決翟家壩，流成大澗九，淮、揚自是歲告災。[449]	
四年 （一六六五年）	四月，決虞城之土樓、待賓寺，灌永城、夏邑。	

---

[445]　《小谷口薈蕞》稱封丘西南有中欒城，其西為大王廟口（《金鑑》五六）。

[446]　《清史稿》誤倒為平安堤。

[447]　《經世文編》九七，阿桂疏。

[448]　《金鑑》四七引《河南通志》也作開封，但引《淮安府志》又作中牟黃練集。

[449]　《清史稿》訛作「淮陽」。

七年 (一六六八年)	兩決桃源，河下流阻塞，水盡注洪澤，高郵水高幾二丈。	自八年以後，下游幾於無歲不決。
十五年 (一六七六年)	五月，久雨，河倒灌，決口數十，諸水直注運河，沖高郵之清水潭。	

　　關於表列事實，都是沿著以前各節的處理方法，所不同的，時代愈近，史料愈富，只可擇影響地域較大的河患記錄下來，若小小的決溢，都略去不提以省篇幅。清人治河，大致以「有決必塞，維持故道」為原則，朝廷方面拿這點來作定針，員工方面自然萃其精力於堵塞的工作，所以決口的塞合，往往不出一二年以上，在改道以前的表內也就略去而不記了。

　　這一期自順治初至康熙十五，計共三十三年。計自順治八年為始，總河楊方興已注意築堤，繼任的朱之錫（順治十四年）設因地遠近以次調夫的辦法，所築更多，由順治八年至康熙二十九年，四十年中，共築一百八十三處。[450]

　　大致上來講，前半期河患偏向山東，後半期偏向江蘇，所以偏向江蘇的原因，據靳輔說：「今日河身之所以日淺者，皆因順治十六年至康熙六七年間所沖之歸仁堤、古溝、翟家壩、

---

[450]　據《再續金鑑》一五七，劉成忠《河防芻議》。

195

王家營、二鋪、邢家口等處[451]各決口不即堵塞之所致也。蓋歸仁一堤，原以障睢水並永塸、邸家、白鹿諸湖之水，不使侵淮，且今由小河口、白洋河二處入河，助黃刷沙者也。[452]自順治十六年歸仁堤沖決之後，睢湖之水，悉由決口侵淮，不復入黃刷沙，以至黃水反從小河口、白洋河二處逆灌。……河、淮兩水俱從他處分洩，不復併力刷沙，以致流緩沙停，海口積墊，日漸淤高。」[453]似乎較能總括當日的大事。唯《水利史》說：「蓋自茆良口七年不塞，山、安一帶所在沖決，黃水漫散四出，海口流緩沙停，雲梯關積沙成灘，大河迂迴入海。」[454]（茆良口在安東縣東二十里，四年決，由灌河入海，十年塞）[455]專歸咎於茆良一處，則只見其偏而未得其全。茆良

---

[451]　王家營在清河北岸，二鋪口、邢家口在安東北岸。《清史稿》以為均康熙十五年決。據《金鑑》四七引《清河縣誌》，王家營是十二年三月決（依《黃河年表》，則元年、四年、六年、九年都有決）。又《金鑑》六〇引《河防志》：「邢家湖等決口在康熙十年，今郡縣誌載十五年者誤。」（《清史稿·河渠志》一大約系本《淮安府志》）又《經世文編》九八，清口至周橋九十里，周橋至翟壩三十里。

[452]　史奭《歸仁堤考》：「其上流來源自徐溪口，歷蕭縣、靈璧等處二百餘里，合永塸、姬村湖水，由宿遷之符離溝，經邳之睢河而匯於埠子、白鹿等湖，從白洋河東西兩溝入黃河。」（《金鑑》五九）並參前第十三節上注55。

[453]　《經世文編》九八。

[454]　《水利史》六七頁。

[455]　嘉慶十五年，百齡疏：「灌河一路，為山東蒙、沂諸水下游，而海州之五圖河、六塘河及沭陽、贛榆、安東之水，俱從彼入海。」（《經世文編》九九）又十一年，戴均元疏：「自減壩口門放舟隨溜而下，經張家河、三汊口入南北六塘河，水勢匯為一片，大溜直沖海州之大伊山，從大伊山之東，穿入揚河，平漫東門、六里、義澤等河，合注歸海。其尾閭入海之處有三：南為灌河口，中為五圖河，北為龍窩蕩。……但系平坦蕩地，向無河槽。其灌河則本系海口，較為

是近海口的地方，但自康熙六年，清河「三汊河以下，水不沒骭」（見〈河渠志〉一），黃河既多從清河以上洩去，不能到達安東，即使茆良口早塞，於大局也未必有什麼補救。

清初黃河所經，《淮系年表》十曾有論及，它說：「《河防一覽圖》，大河行經堅城集南，碭山縣北，又經趙家圈、舊蕭縣北，又經茶城、塔山、張谷山南，孤山、九里山北，又經鎮口入徐洪，其孤山、九里山南有小浮橋故道，伏秋大漲，僅出三分之一。曹時聘所挑，經堅城集、午溝，又經趙家圈北，舊蕭縣北，又下出徐州小浮橋；午溝在碭山縣北，北距豐縣城五十里。……時聘所大挑，或與故道不無小異，所可斷定者，此河大勢在賈魯故道之北，秦溝河及濁河之南。朱旺之決，一支由濁河，一支由故道，築塞朱旺，濁河斷流，專行故道，清代黃河彷彿由之。」按《河工繳冊稿》記萬曆三十三年挑河有「首關王家口生地」字樣，[456] 則時聘挑成之河不盡與《河防一覽圖》相同，已絕無疑問。賈魯故道是經蕭縣薊門，薊門在蕭縣北三里（參前文第十二節三項）。

又據《錐指》四〇下，「及萬曆三十四年河歸故道，自是蕭去河裁十五里」，而蕭縣新城在舊城南十里（《方輿紀要》），依此來計算，則就這蕭縣小小一段來說，時聘所挑不見得必在賈

寬深。」（同上九七）
[456]《利病書》五四。

魯故道的北邊，或者可以說，相差不過一二里。由於賈魯故道缺乏詳細記載，長程的比較現在實無法進行。

(2) 靳輔、張鵬翮治河時期

康熙十六年 （一六七七年）	二月，[457] 以安徽巡撫靳輔為河督，首挑清江浦歷雲梯關至海口一帶河身之淤土，因取土以築南北兩岸之堤。挑河用「川字溝」法，築堤則南岸自白洋河至雲梯關約長三百三十里，[458] 北岸自清河至雲梯關約二百里；又自雲梯關至海口，除近海二十里外，其餘約八十里亦一體疏濬。	駐清江浦。

---

[457]　《康熙東華錄》五。

[458]　《淮系年表》一一誤作「二百三十里」。

二十四年 （一六八五年）	輔於南岸碭山毛城鋪、徐州王家山、十八里屯、睢寧峰山、龍虎山等處，建減水閘壩共九座，[459]內因山根為天然閘者居其七，由睢溪口、靈芝、孟山等湖入洪澤。	

---

[459] 《東華錄》九稱，二十四年正月，輔請於毛城鋪建減水閘一，王家山、十八里屯減水閘三，北岸太谷山減水閘二，平日閉閘束流，遇有大漲，則啟閘分洩以保徐城以上堤工。又河下行至睢寧，兩山夾峙，僅寬百丈，流又一束，應於峰山、龍虎山（均南岸）旁鑿減水閘四。靳輔《治河餘論》所稱：「於黃河南岸碭山毛城鋪、徐州王家山、十八里屯、睢寧峰山、龍虎山等處為減水閘壩共九座。」（《經世文編》九八）是除去北岸太谷山二閘不計而加入毛城鋪先建之減水壩，故得九座之數。陳世倌乾隆二十一年，《籌河工全域性利病疏》誤以為都是二十一年所建（《經世文編》一〇〇），官文書有時也靠不住的。又天然閘迤東數里地名十八里屯，靳輔建石閘二座，該處有一小石山，中峰兩旁有山縫二道，閘即建於山縫之內，見《嘉慶東華錄》二五。

199

二十七年 （一六八八年）	輔以改挑皂河後，自清口達張莊運口，黃河尚長二百里，重運北上，遲者或兩月方能進口，於二十五年建議，在遙、縷兩堤之內，挑中河一道，上接張莊運口，下歷桃、清、山、安，入於安東之平旺河，約長二百七十里，運道一出清口，即截黃河而北，由清河縣西之仲家莊進中河以入皂河，避黃河之險一百八十里，歷黃河者僅七里，至是年正月工竣。[460] 三月，以王新命代輔為河督，革輔職。[461]	先是，康熙初，漕運由宿遷經董口。後董口淤，遂取道駱馬湖，由汪洋湖西北行四十里得溝河，又二十餘里至窰灣口而接泇。十九年，輔於宿遷西北四十里皂河集挑開皂河以遷窰灣。二十年，又將皂河下口改在皂河東十五里之張家莊。[462]明年三月，南巡閱河回京，復輔原品。[463]

---

[460] 參據《經世文編》九八及《水利史》二二六頁。

[461] 均《東華錄》一〇。

[462] 參《經世文編》九八。按《利病書》二七引《通濟新河記》，駱馬湖去宿遷縣十里，水漲時分作三支會黃；一為陳家溝，去縣一里許，一為董家溝，一為湖口。又引《淮安志》，自董、陳二口入駱馬湖抵泇河，事在天啟三年。《歷代治黃史》五稱，康熙七年董口淤，運道改由駱馬湖。

[463] 均《東華錄》一〇。

三十一年 （一六九二年）	二月，復起輔督河。[464]	十一月，輔以病乞休，是月卒。[465]
三十五年 （一六九六年）	河決安東[466]童家營，河督董安國築攔黃壩於雲梯關，又於關外北岸馬家港導黃由北潮河出灌河入海，去路不暢。[467]	

[464]　同上一一。包世臣稱，「二十九年，於勤恪公接任。」（《經世文編》一〇二）凡有兩誤。於成龍接任不在二十九年，誤一：這個於成龍諡襄勤，不諡勤恪，誤二。

[465]　同上一一。包世臣稱，「二十九年，於勤恪公接任。」（《經世文編》一〇二）凡有兩誤。於成龍接任不在二十九年，誤一：這個於成龍諡襄勤，不諡勤恪，誤二。

[466]　此據《清史稿》，唯《淮系年表》一一作山陽童家營。

[467]　此據嘉慶十五年百齡疏（《經世文編》九九）。唯《清史稿》及《金鑑》五二均作南潮河，《金鑑》載會議奏疏：「於雲梯關下馬家港地方，挑挖引河一千二百餘丈，導黃河之水，由南潮河東注入海。」

三十九年 （一七〇〇年）	三月，以張鵬翮為河督。[468] 五月，鵬翮請將於成龍、徐庭璽拆除未盡之攔黃壩三十七丈三尺，盡行拆去，計黃河水面寬八十三丈，堵塞馬家港引河，復歸故道，賜名大通口。[469] 九月，鵬翮改高堰六壩[470] 為滾水壩。[471]	先是三十八年十月，於成龍議將茆家圍等六壩改為四滾水壩。[472]

---

[468]　嘉慶八年，吳璥疏稱：「三十八年，河臣張鵬翮復將馬港口堵閉，拆去攔黃大壩。」（《經世文編》九七）按三十八年張尚未任河督，吳疏誤。

[469]　《清史稿》誤作「大清口」。

[470]　明萬曆二十四年（張鵬翮誤為二十二年），總河楊一魁建周家橋減水閘，由草子河徑子嬰溝以達廣洋（張作廣陵）湖，高良澗減水閘由三汊河徑涇河以達射陽湖，又武家墩減水閘由永濟（張作通濟）河徑澗河亦入射陽湖。清康熙時，靳輔廢高閘、武墩二閘，於唐埝（《明史》作唐堨）改設六壩（參據《明史》八四及《經世文編》一〇〇，張鵬翮《論塞六壩》）。

[471]　九月工成是據鵬翮《論塞六壩》（《經世文編》一〇〇）。《東華錄》一四，是年六月工部等議覆原奏，有「覆加相度，地段相去不遠，併為三滾水壩，於壩下就原有之草字河、塘漕河開為引河，並築順水堤」等語，但同書一六，載四十四年十月諭工部，又有「宜於高堰三壩之下，挑浚一河，兩旁築堤，束水入高郵，邵伯諸湖，湖外亦量築土堤，不使浸溢」之指示。翌年正月九卿等議覆照行；是三壩下的引河，鵬翮當日雖曾擬議，後來並未辦理，所以隔了八年又舊事重提，試觀鵬翮的塞六壩文也未提及引河，正可互證。

[472]　《東華錄》一四。

四十七年 （一七〇八年）	十月，鵬翮入為刑部尚書。[473]	

　　這一個時期前後共三十二年，算是清代河務辦理最善而黃河又比較安靖的時候。除去中間幾個督臣之外，靳輔及張鵬翮辦事最久，他們倆在清代治河史上都很有名氣，靳連任至十一年，連同再次出山，差不多達十二年，張也連任至八年半。[474] 靳輔治河的得失，下文別有專論，這裡只略為比較兩人的優劣。

　　張的成績，據他自己所述，不外治清口、[475] 塞六壩、修歸仁堤、[476] 逢彎取直[477] 四件事。康熙帝曾對張鵬翮說：「加築高家堰堤岸，閉塞減水六壩，使淮水盡出清口，非爾之功。修治挑水壩，逼黃水流向北岸，非爾之功。堵塞仲莊閘，改建楊家閘，使淮水盡出清口，非爾之功。」又說：「比年以來，幸而水不甚大，當年靳輔、於成龍在任時水勢甚大，若張鵬翮當此，河工必致不堪。張鵬翮唯有一長……朕前以河務一一指授，皆

[473]　同上一七。
[474]　《水利史》說，「張鵬翮治河先後亦經十年」（七四頁），是錯的。
[475]　治清口的方法，據鵬翮自述，繫於張福口及其南之張家莊、裴家場共開三引河相會，再南又開爛泥淺引河，與武家墩北舊有之三岔河相會，逼淮水三分入運，七分敵黃：淮水覆在張福、裴場之間，釃為二河，名曰天然河及天賜河，於是得引《河凡》七（《經世文編》一〇〇，治清口二）。
[476]　《經世文編》一〇〇。
[477]　同上一〇二。

能遵行。」[478] 總括起來，張的治河，是由上面指示，張只執行細節，跟靳受任於河事最擾亂之際，無成規可守，凡事要自己拿定主意，其難易大不相同。

張鵬翮與靳輔最相反對的，就是閉六壩。試專就六壩應開不應開來立論，清帝雖說過：「前靳輔慮高家堰堤岸危險，開唐埂六壩，以致洪澤湖水偏向六壩而流，此靳輔誤處。後黃河倒灌清口，朕令閉塞六壩，始能敵黃。」[479] 但在不久以前，四十年十二月他曾說：「倘高家堰一有沖決，淮、揚一帶地方，俱不可保，其為患甚大……昔於成龍任總河時不塞唐埂六壩，非無所見。」[480] 翌年七月又說：「今閉唐埂六壩，目前雖有裨益，設高家堰一決，揚州、淮安、宿遷等處百姓俱不可問矣。」[481] 四十四年夏，古溝、唐埂、清水溝（在蔣家壩盡頭處）、韓家莊（在安東南岸）四處堤岸沖決時，他又說：「開六壩雖民田略有沖沒，淮、揚地方斷無可虞，如以為利益民田而閉六壩，萬一大水驟漲而堤決，淮、揚大有可虞矣。是以前總河靳輔開六壩以注水，張鵬翮但知閉六壩，則運河、民田均有利益，而不知為淮、揚之大患，高家堰之所關，甚為緊要

---

[478]　《東華錄》一六，康熙四十六年二月。

[479]　同上。

[480]　《東華錄》一五。

[481]　同上。

也。」[482] 可見六壩的開閉與否，在清帝的心中還是很為猶豫，只有「看何處關係緊要，便保守何處，不可執一」[483]，採取臨時變通的辦法。

清口之淤塞，據張鵬翮的論文，是完全歸咎於開六壩，但淤塞的原因是不是這樣簡單呢？李世傑說：「查《河防志》載康熙間，前河臣董安國等創築攔黃壩，使由馬港河，旋至黃水倒灌，清口淤塞，上游潰決，淮揚常受水患。」[484]《河防志》相傳為張氏的遺稿（由張希良編），卻說黃河下流不暢通，以致清口淤塞。

三十八年三月南巡上諭：「行視清口、高家堰，則洪澤湖水低，黃河水高，以致河水逆流入湖，湖水無從出，氾濫於興化、鹽城等七州縣。」[485] 這是說淮身比河身低，以致黃河倒灌。

同一上諭又說：「黃、淮二河交會之口，過於直接，所以黃水常逆流而入；淮水近河之堤，亦迤東灣曲拓築，使之斜行會流，則黃河之水不至倒灌入淮矣。」這是說黃、淮會口太直，以致倒灌而淤塞。

[482]　同上一六，康熙四十四年七月。
[483]　同上四十六年二月。
[484]　《經世文編》九七。
[485]　《東華錄》一四。

　　三十九年三月，清帝又說，「前靳輔任總河十有餘年，河務整理，但自修歸仁堤之後，[486] 清水勢弱，黃河之身漸高，清水不得流出，渾水益倒灌，清河河工廢壞，亦由於此」[487]，卻又以為修歸仁堤而清水勢弱，致使濁水倒灌。

　　清口之淤塞，有怎樣複雜的說明，雖未必完全無誤，總可覺得每逢發生一種弊竇，裡面總有好幾個原因。有人又說，這些原因也許跟著開六壩而來。那又須知初時建閘，啟閉以時，尺寸有度，閘內橫以石鍵，不使通舟，閘下引河翼以長堤，減去之水，不致漫潰，其後商販規避徵稅，官司徇縱，視若通津，[488] 遂至大背原來設立的用意。減水壩跟減水閘的裝置雖然不同，但能夠依法使用，根本上並無差別。而且靳輔的舊制，毛城鋪寬止三十丈，其餘峰山等閘皆不過數丈，正所減洩有餘，節宣在我。後來毛城鋪壩竟放寬至五十丈，[489] 這都由於河

---

[486]　事在康熙十九至二十年。據張鵬翮說，明潘季馴修築此堤，是在阻止睢、汴及邳家、白鹿諸湖之水，不使闌入洪澤（見《經世文編》一〇〇），所以清帝說修歸仁堤後清水勢弱。

[487]　《東華錄》一四。

[488]　《經世文編》一〇〇。

[489]　靳輔一段見《經世文編》一〇〇，嘉慶十五年部覆減壩堰工疏。張鵬翮說，六壩共寬二百八十丈（見同前《論治清口》二），平均每壩約寬五十丈，不知是否靳輔的舊制。若莊亨陽說，輔「開毛城鋪一百二十丈」（同上《文編》），則為錯誤無疑。《郎潛紀聞》九稱，亨陽字元仲，康熙五十七年進士，知徐州府時上書當路，大略謂方今急務，宜開毛城鋪以注洪澤湖，則徐州之患息。闢天然壩以注高、寶，則上江之患息。開三壩以注興、鹽之澤，則高、寶之患息。開範公堤以注之海，則興、鹽、泰諸州之患俱息。當路不能用，頗韙其言。今檢《文編》所載亨陽《河防說》，知寫成於乾隆八年，文內只主張急開毛城鋪，並無天

防出事的處分太嚴，承辦官員一遇水漲，唯恐怕堤岸失事，於是不惜提前盡量開放，專制時代的章程搞得不好，無怪乎法立而弊生。單說開六壩就令清口淤塞，實在未能深入了解這件事的真相。

　　逢彎取直又有什麼利弊呢？據光緒五年，朱採《論逢彎取直》稱：「河性溜勢，亙古不變，今年直而明年彎矣，再數年而彎如故矣，是以取直之說，只行於一時。」[490] 比工程師盧法爾也稱：「裁彎取直則路近，路近則低率增，即地勢高低之數增，低率增則速率亦增，速率增則過水之數亦增，於盛漲時，尤宜並上下游通行籌算後，方可裁去一彎，蓋裁彎能生他險，不可不慮。」[491] 又劉寰偉說：「最近歐西水利學者咸以裁彎為含有危險性之方法，且具有引河法之種種弱點，初必沉澱淤泥於下流，繼必增漲潮之高度於上流。」唯「使裁彎之一段逼近海隅，而裁灣所增之水勢其力又足以連於海岸，其後又有水庫以裁製水流，則裁彎法誠屬最良」[492]，但從另一方面來看，如《水道編》說：「明英宗天順中，河自武陟徙入原武而獲嘉流絕，自是改大灣曲為東西直流，即今滎澤縣黃河。」金、元、明時黃河南徙，先離開濬、滑，次離開汲、胙，又次離開新、獲，那

　　　然壩三節，是否傳聞異辭，抑別有上當路書，待考。
[490]　《再續行水金鑑》一五五。
[491]　同上一三九。
[492]　同前引《科學》五卷九期。

一段河路，經過數百年的自然調整，卒之由曲線變作直線，豈不是黃河本有取直之性，所謂黃河九曲只由於山嶺阻隔嗎？由此可知，某一個裁灣是否利多弊少抑或利少弊多，除非生在當時，是無法作出合理的判決的。

康熙帝是一個聰明人，當時的官員都非他的敵手，結果遂至「九卿諸臣但以朕可者可之，否者否之」。[493] 即如四十六年溜淮套工程一案，交在外督撫議，都說必要請親臨指示，交在內九卿議，也說必要請親臨指示，便是當日廷臣揣摩意旨最著的例子。看來，鵬翮也逃不出這個圈套。

四十六年五月，六次南巡後，清帝批評靳輔說：「開中河而糧船免行一百八十里之險，此可以尋常目之乎？前後總河皆不能及，地方官軍民俱有為靳輔立碑之意，但畏張鵬翮耳。」[494] 又四十九年十二月說：「靳輔善於治河，唯用人力……張鵬翮但遵舊守成而已。」[495] 寥寥幾句話，可算是靳、張優劣的定評。

---

[493] 《東華錄》一四，康熙三十九年十月。

[494] 同上一六。

[495] 同上一七。

(3) 康熙末至乾隆末時期

四十八年 （一七〇九年）	六月，決蘭陽雷家集、儀封洪邵灣，俱在北岸。	
六十年 （一七二一年）	八月，[496] 決武陟詹家店、馬營口、魏家口等處，[497] 北注胙城、長垣、滑、東明及開州，至張秋，由鹽河入海。[498]	在張秋迤南趙王河口[499] 漫溢，由五孔橋入鹽河。[500]
六十一年 （一七二二年）	正月，再決馬營口，仍經張秋由大清河入海。[501]	
雍正元年 （一七二三年）	六月，決中牟十里店、婁家莊，由劉家寨南入賈魯河。九月，決鄭州來童寨。	

[496] 《淮系年表》一一作六月，《清史稿》作八月；按是年八月二十八直督有報到京，《續金鑑》四五也作八月。

[497] 劉成忠《河防芻議》以為河南堤成之後，直至康熙六十年，止決詹家店一處（《再續金鑑》一五七），顯有點錯誤，四十八年決蘭陽、儀封，已是河南地面了。

[498] 參據《東華錄》二一。

[499] 《淮系年表》一四稱，趙王河頭在考城縣北，後漸淤。長清有趙王河，見《再續金鑑》一一七。《續金鑑》九〇稱，由長清五龍潭至平原錫培口馬頰河頭，計經過徒駭、巴公、範公、趙王、趙牛正岔等河。又《治河論叢》說：趙王河自考城流逕東明，入菏澤（一七二頁）。至安徽亳縣也有趙王河（一九五四年《文物參考數據》八期六頁），只是同名的。

[500] 《續金鑑》四。

[501] 《黃河年表》（一六三頁）引《河防紀略》。

三年 （一七二五年）	六月，決睢寧朱家海，[502] 東注洪澤。 七月，決儀封南岸大寨、蘭陽北岸板廠。[503]	
七年 （一七二九年）	三月，以孔毓珣為江南河道總督；嵇曾筠為河南山東河道總督，兼管山東境內運河。[504] 七月，令定河堤每年加修五寸。	束河分治此始。[505]根據《河防一覽》每歲加高五寸之法。
八年 （一七三〇年）	六月，山東蒙陰、沂州、郯、費、滕、嶧各地山水發，直注邳州，決宿遷、桃源。[506]	

---

[502] 據《續金鑑》六；《河渠紀聞》說「朱家口本名朱家海」（同上引）。

[503] 《續金鑑》六。《清史稿·河渠志》一誤作二年六月，又誤板廠為「板橋」。

[504] 《雍正東華錄》七。

[505] 《河渠紀聞》稱東河分治始於雍正二年。據《東華錄》二，雍正二年閏四月，以曾筠為河南副總河，駐武陟，南河、東河尚未完全分治，所以七年二月上論有「齊蘇勒練達老成，深悉河工事務，是以受嵇曾筠為副總河，專管北河，而令齊蘇勒兼理南、北兩河之事。今尹繼善新管河務，朕意欲令其與嵇曾筠分任南、北兩河。又思治河之道，必合全河形勢，通行籌劃，方可疏導安瀾，若分令兩員管理，恐有推諉掣肘之處」（《東華錄》七）。

[506] 《雍正東華錄》八。

乾隆元年 （一七三六年）	四月，決碭山毛城鋪。[507]	永城及宿、靈、虹、盱、泗等均被災。[508]
二年 （一七三七年）	高斌浚毛城鋪下之郭家口、定國寺兩支河，分洩黃水，經由靈壁之楊瞳、靈芝等五湖以入洪澤。[509]	
七年 （一七四二年）[510]	七月，決豐縣石林、黃村二口，壞沛縣堤，入微山湖。[511]	

---

[507] 晏斯盛《河淮全勢疏》寫作「茅城鋪」，見《經世文編》九九。又《文編》題此疏作乾隆三年。按疏稱，「今年春黃水溢碭山縣之茅城鋪」，二年四月甲子上諭說，「從前邵基、晏斯盛等所奏，尚不過狃於眾論，拘於識見」（《東華錄》二），又同年二月張廷玉等奏也有《前經臣等議覆晏斯盛條奏》的話，是此疏實上於乾隆元年，不是三年。

[508] 同上《文編》九九。

[509] 《乾隆東華錄》二年四月及《文編》九九。莊亨陽《河防說》稱：「自乾隆三年毛城鋪閉，水勢無所分。」（《文編》一〇〇）乾隆十年九月尹繼善等覆奏：「灘河二股，俱發源於河南，一自水城，一夏邑至灘溪口，會毛城鋪減下之水，由杵離集、灰谷堆入五湖，再由小河口下達安河，匯歸洪澤湖，迂迴數百餘里，經江南蕭、宿、靈、虹等州縣，即古所謂蒗蕩渠也。」（《東華錄》七）高斌所浚，即是這一路的下游。郭家嘴屬徐州南岸，定國寺屬碭山南岸，均見《金鑑》五八。靈芝也寫作「林子」、「陵子」，《續金鑑》十引《河渠紀聞》，五湖的名稱為楊瞳、林子、土山、孟山和崔家。

[510] 乾隆二十一年陳世倌疏：「查乾隆六年巡漕御史都隆額奏稱，黃河自石林、黃村二口北趨……流入微山湖。」（《經世文編》一〇〇）按石林二口之決在七年，此作六年，誤。

[511] 參據莊亨陽《河防說》（《經世文編》一〇〇）。

十年 （一七四五年）	七月，決南岸阜寧陳家浦。[512]	
十六年 （一七五一年）	六月，[513]決陽武，自封丘分二股：一入直隸，一入張秋。	入張秋之一股，從東明之魏河，[514]經濮、範、壽張。[515]
十八年 （一七五三年）	決陽武。[516] 九月，決銅山張家馬路，直趨靈、虹、睢諸邑，入洪澤。	
二十一年 （一七五六年）	八月，[517]決銅山孫家集，入微山湖。	

---

[512] 《乾隆東華錄》七，乾隆十年九月。《水道編》誤為嘉慶中決。

[513] 張了且的文誤為十六年八月。

[514] 據朱採同治十二，治河私議：「今之沙河即古魏水，起東明之李連莊，至河（？）灣大壩入運，長三百五里，匯範、濮等五州縣合四小河二坡之水。」（《再續金鑑》一五五）

[515] 《續金鑑》一二。

[516] 同上一三引《河渠志稿》，八月，原武一帶漫灘之水，決陽武十三堡。按十八年孫嘉淦疏亦稱：「今年陽武方決，決出之水，現在張秋境內，其所經由，不過長垣、東明一兩縣耳。」（《經世文編》九六）

[517] 據《續金鑑》一三劉統勳奏，當是八月，不是閏九月。

二十六年 (一七六一年)	七月，沁、黃並漲，決中牟楊橋，直出尉氏賈魯河，[518]分入渦、泏會淮。[519]	沁、洛等河漲潮一二丈，寧夏又三次報漲潮丈餘。[520]
三十一年 (一七六六年)	八月，決銅山韓家堂，注洪澤。	
四十三年 (一七七八年)	閏六月起，決祥符南岸時和驛，歷陳留、杞縣、柘城之橫河、康家河、南沙河、老黃河，均歸賈魯新河，下達亳州之渦河。又決儀封十六堡，一由考城盤馬寺入北沙河，至商邱鄧濱口，由陳兩、沙河入渦；一由寧陵馬三河，亦會陳兩、沙河入渦。[521]	

[518] 《東華錄》一九。
[519] 《續金鑑》一四引尹繼善奏。
[520] 《經世文編》九九。
[521] 《東華錄》三四。

四十五年 （一七八〇年）	六月，決睢寧郭家渡，由沈家河入五湖，歸洪澤。[522] 九月，決考城南岸張家油房（或作油坊）。	
四十六年 （一七八一年）	閏五月，[523]決睢寧魏家莊，注洪澤。 七月，決儀封八堡迤東焦橋一帶，北岸決曲家樓，[524]注青龍岡。	青龍岡浸口二分由趙王河、沙河歸大清河入海；八分由南陽、昭陽等湖匯流南下，歸入正河。[525]
五十一年 （一七八六年）	七月，決桃園司家莊。[526]	
五十二年 （一七八七年）	六月，[527]決睢州十三堡，[528]經寧陵、商丘，從渦、淝諸水入淮。	

[522]　同上三五。
[523]　同上三六。查雍正五年河在北岸雷家寺決開一支河，經宋家營、徐家堂、曲家樓等處，直至三家莊出口，計五十餘里，見《經世文編》九九。據嵇曾筠疏，三家莊屬儀封。又《小谷口薈蕞》稱，儀封「黃陵岡相近有三家莊堤」（《金鑑》五六）。
[524]　同上。
[525]　同上。
[526]　據《道光東華錄》二六。
[527]　《東華錄》四一。
[528]　《黃河年表》（一九三頁）引《睢寧廳冊》，十三堡地名張六口。

這一期計至乾隆六十年（一七九五年）止，共八十七年，並不是一個顯然劃分的時期。但自嘉慶初年以至銅瓦廂改道，大致是借黃濟運，無論如何，漕運方法既那樣子改變，總與黃河下游有關，所以把嘉慶至咸豐特別列為一時期，也有其相當理由的。

最要注意的，這期內的重要決口，多數落在河南省內，計有四回歸入賈魯河、渦河（雍正元年、乾隆二十六年、四十三年及五十二年），四回沖出張秋或大清河（康熙六十年及六十一年，乾隆十六年及四十六年）。就中乾隆四十三年儀封之決，歷時兩載，費帑五百餘萬，[529] 堵築五次，才得合龍，為清代河工較困難的一次；雖然，這個數目恐怕過半以上是中飽在貪吏的私囊的。[530]

雍正七年，規定河堤每歲增修五寸，這對於河防有什麼影響呢？按《河防雜說》稱：「自宿遷至清河縣黃、淮交會之處，計程一百八十里，其間舊堤未嘗不高也，只因河底屢墊，故河灘亦隨之墊高；河灘既已墊高，則堤工每被淤沒，是以其低耳。……而由堤內民地而觀，則巍然高峻。」[531] 這明白地顯出每歲增高河堤，非設想長期的計畫，除非我們能根絕黃土的流下。因為堤越高，河底也跟著越高，只屬於消極性的防禦。我

---

[529] 《續金鑑》一九及《清史稿》。

[530] 參包世臣所著《中衢一勺》的《郭大昌傳》。

[531] 《金鑑》五九。「堤內」應改正作「堤外」，參十四節下注 164。

們試檢查一下，萬曆二十年間，開封河高於地丈餘，[532]康熙至乾隆，夏駰所見「開封河南高於內者丈餘」[533]，靳輔所見「淮安城堞卑於河底」[534]，陳世倌所見「清口以上至徐州黃河數百餘里，河底高於內地丈許」[535]，是怎樣危險！康熙三十八年三月南巡時，清帝曾稱，「治河上策，唯以深浚河身為要，諸臣並無言及此者」[536]，必繫有所見而發。

《河史述要》推原乾隆後半葉的河患，以為是「乾隆中黃河大勢，大抵前三十年遵循靳輔遺規，有整理，無變革，河勢可稱小康。及廢雲梯關外大堤不守而尾閭病，陶莊改河、儀封改河而中脘病。行水不暢，河底淤高，水平堤則易潰決，兩岸減水壩閘亦不似從前之安穩。黃高於清，清口倒灌，減黃助清，迄無大效，河病而淮亦病。然猶殫精竭慮於河、淮交會之地，於補苴中求苟安，危而不敗，蓋亦由人力矣。」[537] 這樣的批評是不是切中當日的弊病呢？

首先論到海口廢堤一事，包世臣也說：「文良之猶子文定[538]奏廢雲梯關外修防，使河多故，江、淮居民之毒高氏，

---

[532] 《金鑑》三四引《河防一覽》。
[533] 《經世文編》九六。
[534] 同上九八。
[535] 同上一〇〇。
[536] 《康熙東華錄》一四。
[537] 據《水利史》八三頁引。
[538] 按高斌諡文定，其姪晉諡文端；若諡文良之高其倬，並非河督，包氏誤記（可

或以此而追誣其先。」[539] 可見當時大家都把河患的問題，歸咎給海口不修堤防。按高晉請廢海口堤防，事在乾隆二十九年四月，清帝曾諭稱：「雲梯關一帶為黃河入海尾閭，平沙漫衍，原不應設立堤岸，與水爭地。而無識者好徇浮言，或以上流清口洩水分數較多，遇海潮盛時，或不免意存顧慮，因有子埝堤防之議。殊不知清口暢洩，其收利在下河州縣者不可數計。至雲梯關附近，不過阜寧、安東二邑所轄地面，以此衡彼，其輕重大小，不待智者而知，即令一時偶值盛漲，所侵溢者不敵百分之一二耳。」[540] 審時定勢，最反對廢堤的明顯在安東、阜寧數縣。因為那些地方有堤便可以比較安居，無堤則水漲時常被淹浸，他們很熱烈地爭取修堤，固然有其苦衷，但從整個黃、淮下游來看，海口修堤是不是利多害少，倒要從長計議（參下文）。至於河南省內南岸及北岸的潰決，江南省內洪澤的被侵（雍正三年及乾隆十八年），都是海口堤未廢以前的事，我們難道也可以此為藉口嗎？嘉慶五年民人蔣淦稟請復修，經費淳、吳璥議駁，十三年鐵保、徐端再行提出時，莫瞻籙亦稱「徒多糜費之煩，恐未必即獲束刷之效」[541]，尚非毫無所見。

其次，談到陶莊引河。原來早在康熙己卯（三十八年）南巡

参《經世文編》姓名總目一）。

[539] 《經世文編》一〇二。《淮系年表》一一誤為張鵬翮的事。

[540] 《乾隆東華錄》二一。

[541] 《經世文編》一〇〇。

時，清帝為求遠避清口，免除倒灌，即下令開鑿。其後庚辰
（三十九年）、辛巳（四十年）、壬辰、甲午（五十一年至五十二
年）以及雍正庚戌（八年），經過數次開挑，都不久便淤。到乾
隆四十一年九月，河督薩載再興工，至明年二月引河告成。清
帝的《陶莊河神廟碑記》說：「新河順軌安流，直抵周家莊，
始會清東下，去清口較昔遠五里。」[542] 是黃、淮兩水的新會
口，比舊日清口只遠了五里，似乎不會發生怎樣大影響。《河
史述要》卻說：「然而河身緊縮，減寬度泰半，水勢拘攣，雍
而易淤，黃、淮會處，亦頗蒙不利，或更影響及於全域性，河
工書無專論之者，亦可怪矣。」[543] 這樣的批評並未能揭出影響
大局的毛病（後來武氏的大治黃河議說：「今若大開引河……
一如……清乾隆中蘭陽改河，清口陶莊改河之故事，即可永慶
安瀾。」[544] 可以見他的觀點已有改變）。還有《述要》的撰人武
氏，對於引河情形，好像沒有作過全面的探討。據四十六年六
月的詔書說：「江、豫二省黃河，自乾隆四十二年開陶莊河以
來，連歲沖溢……江南土性堅實，何以上年郭家渡甫經漫決，
此次又有魏家莊之事？況上年春間命阿桂在南河會勘，展寬陶
莊新河四十丈，今春又令在彼會勘，因九里岡一帶河中、岡沙

---

[542] 《乾隆東華錄》三三。

[543] 據《水利史》八〇頁引。

[544] 《古今治河圖說》一一九。

橫亙，復於北岸挑挖引河一千餘丈，南岸又將沈家窰河身展寬三十丈……何以此次忽又有漫溢之奏？況現在清、黃交會處所離清口較遠，清口得以暢出，海口又復深通，何以轉致如此？且從前並非每歲必有水患，而自開放陶莊新河以來，轉年年不免漫溢……是否或因陶莊開放引河致有紆迴格礙之處？詳晰講求審度，據實具奏。」[545] 同月，薩載等覆奏：「河工連年漫決之故，總由漫溢一次，則下游正河淤澱一次，以致河底日漸淤高，大溜趨向無定，實非陶莊引河紆迴格礙所致。」[546] 清廷當日對此引河還算刻意講求，如果說開了這引河便為害於中游，甚至說影響全域性，總未免帶著欲加之罪的神氣。

再說到儀封改河，事在乾隆四十七年。因當日青龍岡（在銅瓦廂之下）決口屢塞屢塌。是年四月，阿桂奏請自蘭陽三堡老堤起開挖引河，至商丘七堡出堤，歸入故道，共長一百六十餘里，[547] 至翌年三月開放新河，曲家樓漫口始行合龍。[548] 賀

---

[545] 《乾隆東華錄》三六。

[546] 同上。

[547] 《經世文編》九七載阿桂原奏稱，築堤挑渠「兩項工程計長一百六十餘里」，《乾隆東華錄》三七同，但同錄載四十八年三月上諭又稱一百七十餘里，《淮系年表》一二則稱築堤長一百四十九里。

[548] 同上《東華錄》。按道光六年，東河總督張井奏：「由蘭陽縣五（三）堡起，至商丘縣九（七）堡止，於南面另築新堤二百餘里，仍入原走河道，中間儀封、考城兩縣均淪沒河身，其餘集鎮更不可計。」又別一疏稱：「從前阿文成公改挑豫省新河，中間儀封、考城兩縣均在兩堤之中，雖放河時是否適當其衝，無可稽考，而現在故址無存。」（均見《經世文編》九七）阿桂原奏也有「考城一縣亦須遷移」的話，可參前十一節注 27。

長齡於阿桂原奏後跋稱：「窮則變，變則通，至今四十餘年，所行者仍文成（阿桂諡）所改之河也，有非常之人，然後有非常之舉，諒哉！」[549]《古今治河圖說》卻稱：「陶莊引河，本苦迫狹，今其上游，又增一蘭陽引河，當時司河者專為運謀，河淮之成敗，皆所弗計。」[550] 殊不知這兩個引河用處不同，蘭陽引河只是另挑了一小段新河，放棄了別一段舊河，放水之後，那引河便成了正河的河身。其實河身這樣子無關重要的小小改變，斷不會發生大毛病的。

關於這一期的河患，我以為可分開幾點來討論：

第一，黃河挾帶著許多沙泥，流慢而淤澱，固無待論。即使流率極速，也不是絕對無淤澱，所差只在淤澱的多少、遲速及淤澱在什麼地方，是程度的問題。主張雲梯關修堤的人，除上文所指出他們的目標之外，極其量不過把淤澱較多的地點，往東面挪移；他們的理想，以為這樣子做法，河水的沙泥便可全數流入大海之中，不至對河口發生障礙。像劉寰偉說，有潮河的尾閭，因河流與潮水之衝突，常有沙洲等構成，治導的方法，例由河口上溯，建築平行防浪堤以讓河口潮流之自由行動，堤間的廣狹須與天然河道相適應，自海以上漸次減縮，堤

---

[549]　《經世文編》九七。

[550]　《古今治河圖說》四二頁。

必直伸入於海，全堤必視高潮為高。[551] 就是偏向海口堤之有利來立論。然而據乾隆四十一年的詢訪，從前海口原在王家港地方，自雍正年後又接生淤灘長四十餘里。[552] 又道光二十二年敬徵等奏：「開山從前孤懸外，距灌河口十餘里，因歷次黃水下注，逐漸澄淤，現在潮河南岸淤灘，潮落時已接開山。」[553] 由此可見河泥不淤在上游，其勢必帶到下游，沙泥遇著海潮的抵抗，結果大量仍淤澱在河口的附近，雲梯關雖然減少，河口卻同時加速，對於上流的影響，沒有什麼大差異。反之，雲梯關如不修堤，則平沙漫衍，淤面展寬，暴漲之洪水快消，淤層之加厚減速，淤澱之為害少緩，清帝所說「侵溢者不敵百分之一二」，尚不失為權衡輕重的話。番禺方恆泰《論粵東水利》曾稱：「向因海口寬，河面闊，故無水患。嗣漸民利淤積，日望海變桑田，於是就沙尾築石角以阻淤沙……東以斥鹵報，西以工築升，增一頃沙田，即減一頃河面，田愈多，河愈窄，沙愈滯，水愈高，近水村莊不得不築基圍以自衛。圍築遇漲而奔駛益緊，漲大逢潮而沖激尤橫，潮與漲敵而堅圍潰矣。」[554] 黃河海口築堤的動機固與方氏說有異，但無論哪一條河的河口，築堤雖非必絕對無利，而就長遠設想，其流弊總是不免的。

[551]　同前引《科學》五卷九期。

[552]　《黃河年表》一八六頁引《河渠紀聞》。

[553]　《再續金鑑》八四。

[554]　凌揚藻《蠡勺編》二六。

　　其二，清口因黃河倒灌而淤塞，這種現象，早見於明代嘉、萬時期，不是清代才有。靳輔之治河成績，就在挑川字溝而把河身挖深，不在乎拖土來築堤，那是我們觀察時所應抓著的重點。怎奈清人大半醉心於季馴的理論，完全依賴自然勢力，以為蓄清即可刷黃，不注重疏濬方面。哪曉得清弱黃強，靳輔之成績只可維持一個短短時期，經過數十年後，河底淤澱日高，超出清口之上，黃河哪能不倒灌（乾隆三十三、三十五兩年《清河縣誌》已有倒灌的記錄）？簡單地說，河身的淤澱是與時間為正比例，河流即使通暢，淤澱仍然不免，人工疏濬實是舊日的補救良法。若說：「廢雲梯關外大堤不守而尾閭病，陶莊改河，儀封改河而中腕病」，都是得不到要領而隨便抓來的話柄，我們不要受其搖惑。

　　其三，單就築堤而論，也應照顧到全面，黃河發生大變局，往往落在河南境內滎澤以下，那是治河者所應深入解的事。在後頭，我將要提出靳輔注意到河南，季馴則實際上毫未加工，以評定潘、靳的優劣。清自康熙以後，朝廷都把全副精神放在南河，康、乾兩代的六次南巡，也只閱視江南的河工，在封建時代辦事，上頭不注重，下面自更付諸腦後了。尤其雍正七年，將上下游河務劃歸南河、東河兩個總督分管，失卻統籌全域性之機能，造成事務偏重之惡習，東河的員工慣於坐享太平，不懂得事先防備，那又何怪屢次出險呢？康熙四十一年

上諭:「明朝治河俱自徐州以上在河南地方修築,我朝自康熙元年以來,俱在徐州以下修築。然治下流必須預防上流,若上流潰決,下流必致壅滯。嗣後徐州以上地方,河臣亦當留意。」[555] 又阿桂說:「自曲家樓一帶經上年累漲之後,沖成溝槽坑坎,縱橫無數,敗壞決裂之狀,屢見疊出,是此二百餘里內受病已深,即使堵築合龍,亦不過目前急則治標之計,竭力補偏救弊,終不能保一二年無虞。」[556] 由他們的話細心體會,豫境內堤防廢壞,便完全呈現在目前,早就伏著銅瓦廂大決的因素了。

(4) 嘉慶至銅瓦廂改道時期

嘉慶元年 (一七九六年)	六月,決豐泛六堡,一由豐縣清水河入沛縣食城河,[557]散漫而下。一由豐縣北趙河分注昭陽、微山各湖。	
二年 (一七九七年)	七月,決曹縣北二十五堡,分道由單、魚、沛下注邳、宿。	

---

[555] 《黃河年表》一五八頁引《江南通志》。
[556] 《經世文編》九七。
[557] 今沛縣西南有石城集。

三年 （一七九八年）	八月，決睢州，分流一入睢東十八里河，東南過寧陵西，至鹿邑，經亳入洪澤。一西南自儀封入杞、睢交界之惠濟河，繞至睢南，仍歸十八里河。[558]	
四年 （一七九九年）	七月，決碭山南岸邵家壩。[559]	
八年 （一八〇三年）	九月，決封丘衡家樓，[560] 東北出範縣達張秋，穿運河東趨鹽河，經利津入海。[561]	七、八、九等年，南河河底淤高八九尺至一丈不等。[562] 塞工用帑一千二百餘萬兩。

---

[558] 《續金鑑》二八。

[559] 據《續金鑑》二八引《南河成案續編》，事情實是七月下旬發生，八月初才奏報。

[560] 《淮系年表》一三說：「衡家樓在荊隆口東。」張了且的文誤作決在九年。

[561] 據《再續行水金鑑》一五一范玉琨《言河》。又據同書九七《宋學篇》稱，是年黃流由禹城趙牛河入徒駭，趨沾化久山口出海，殆下流分作兩支，於二十四年同。按齊河境內，除大清河外尚有溫聰、趙牛、倪倫三河，自南而北，毗處其間，見《再續金鑑》九三。

[562] 據《再續行水金鑑》一〇〇鐵保疏及吳璥《清口大挑全益疏》。

十一年 （一八〇六年）	五月，因開放外河北岸之王家營減壩，大溜直注鮑營河、張家河，入六塘河歸海。[563]	
十一年 （一八〇六年）	七月（甲戌），決宿遷郭家房。[564] 是歲借黃濟運。[565]	

---

[563] 王營減壩約在中運河口東北十里，減壩分黃入鹽河，又由鮑營、張家等河洩入六塘河。康熙時於駱馬尾閭馬陵斷麓建減水橋六座，興築堤塘，始有六塘河之名（均見《水道編》）。又《再續金鑑》江南歸海者分二支：一為沭河，源出沂山，經莒州闊山、郯城各縣入邳宿境為總沭河，又分為前後沭河，歸海州入海。為六塘河，上游總彙艾山、燕子、武河、白馬、墨河等派，瀦為駱馬湖，由尾閭各引河洩六塘河，是謂總六塘河；至小房子分為南北六塘，再由潮河趨灌河口入海。

[564] 《嘉慶東華錄》二二。

[565] 《經世文編》九七，張井安東改河議。《清史稿·河渠志》二以為始於乾隆五十年。按《續金鑑》一〇二載，乾隆五十年六月薩載、李奉翰奏稱：「先將蘇家山水線河開放，旋因黃水消落，引河不能過水，復將茅家山編做箝口壩啟放，引黃由彭家河入運接濟。」《河渠志》的話，大致是對的。要再追溯上去，則乾隆二十三年八月諭稱：「據白鐘山奏中河水淺，將臨黃、臨運二壩開放，引黃濟運，恐不免利少而害多。引黃入運雖權宜之法，但黃水多挾泥沙，一入運河，易致淤墊，非甚不得已，不可輕為此遷就之計。」（《續金鑑》四〇）又三十九年，河督姚立德以微山湖存水未充，別無來源，徐州北岸潘家屯舊有河形，請開渠引黃助湖以濟漕運。經高晉勘查，潘家屯原定徐城水志消至六尺，始行開放，俾遇水二尺入湖；若徐城志椿長至七尺以上，即行堵閉，不至吸動大溜，遂準創辦（《乾隆東華錄》三〇），那都是借黃濟運的濫觴。至於借黃之弊，當日也非無所知，如嘉慶十五年十一月諭：「黃水高於清水，清水不能暢出，轉受倒灌之累，迨漕船至此，淺阻不能挽渡，又輒以黃濟運。借黃一次，河口淤墊一次，河口愈高，清水愈不能暢出，是與開門揖盜何異。」（《續金鑑》三七）只曉得借黃，不曉得挑浚，簡直是飲鴆止渴了。還有嘉慶十年十一月丁巳上諭已稱：「乃自上年回空阻滯，絕姜燥、吳璥等奏啟祥符、五瑞等閘，掣減黃水，權宜濟運。本年回空則全係借黃濟運。」（《嘉慶東華錄》二〇）張井的疏沒有提及九、十兩年，大約因只是用於回空時候吧。《淮系年表》一三於嘉慶八年才記借黃濟運，也不是最初的記錄。再者，倒塘灌放的辦法是跟著借黃

十二年 （一八〇七年）	七月，決阜寧南岸陳家浦，大溜由五辛港入射陽湖注海。	
十三年 （一八〇八年）	六月，決山安馬港口、張家莊，分流由灌河入海。[566]	
十四年 （一八〇九年）	六月，閉御黃壩，自是清不刷黃而入運，非遇清高於黃，則黃、淮隔絕。[567]	

濟運而發展，有人說，權興於嘉慶九年，至道光九年而其制始備（《再續金鑑》一五五），又有以為創行於道光七年（同上六七及《道光東華錄》一五），《淮系年表》一三則首記於「嘉慶十二年」，《道光六年》下又記灌運新制，其經過實在情形，尚難考定。「其法堅築兩塘，始以漕船放入近淮之南塘內，將塘之南壩堵閉，然後決開塘之北壩，便兩塘灌水相平，乃以漕船放入近黃之北塘內，將北塘之南壩堵閉，然後決開黃河之南堤，使黃流與塘灌水相平，乃以漕船放入黃河，北渡而入中河口，如是者為一批。則又再堵堤再灌塘而放第二批」（《再續金鑑》一五四）。以後三批、四批⋯⋯都是循著這樣辦法。道光二十二年採用中河灌塘，則因「黃流穿運，自蕭家莊以下，中河斷流，新築臨黃堰以下塘河三百餘丈，係引黃水灌送，由新建草閘至楊家莊幾及百里，無水浮送，而清口放出之水，只能流至楊莊，即與湖水相平，河勢往西漸高，勢難使水倒漾，現系剛開北堤，將掃前積水引入中河，複用夾壩積水接濟」（同上八四敬徵等奏）。又「導洪湖之水，倒漾灌塘，方始渡黃，每灌一塘，閘壩既啟閉更番，帆檣亦守候累日」（同上八五雷以誠奏）。

[566] 據《經世文編》一〇二吳璥《河復故道疏》（《水利史》八五頁同），《清史稿》誤作十二年六月。《續金鑑》三六引鐵保等奏：「（嘉慶）八年，豫省衡（家樓）工失事，下游復淤⋯⋯十一、二、三等年又有王營減壩、郭家房、陳家浦、馬港口等工旁溢之事，正河益淤，海口益仰，倒灌亦因之愈甚。以三十餘年河勢通塞之故考之，其因漫溢為患，鑿鑿可據。」又《嘉慶東華錄》二六，十三年十二月下稱，北潮河匯流馬港口、張家莊等處，漫水業已數水月。至十五年十二月馬港決口才堵塞，復由故道歸海（同上錄三〇）。

[567] 此據《古今治河圖說》四三頁所記，但檢《嘉慶東華錄》三一載，陳鳳翔奏於十六年三月初一日開放御黃壩，幫船行走順利。那麼，御黃壩在十四年六月之後，並非永遠閉塞，恐怕讀者以文害意，故有附加說明之必要。道光八年十二

十五年 （一八一〇年）	冬，復築海口新堤，北岸自馬港口尾至葉家社長一萬五千餘丈，南岸自灶工尾至宋家尖長六千八百餘丈。[568]	
十六年 （一八一一年）	三月，決阜寧北岸倪家灘，歸俞本套。[569] 五月，決王營減壩，由東北入海。 七月，決邳北棉拐山。又決蕭南李家樓，入洪澤。 是歲，再展築海口南、北堤。	
十八年 （一八一三年）	九月，決睢州，由亳渦入淮達洪澤，清口暢流。	

月張井等奏：「從前乾隆年間，湖高於河，自七八尺及丈餘不等，一交夏令，拆展御壩至一百數十丈，故能洩清刷淤，秋冬始收蓄湖瀦濟運。後因河底漸墊，至嘉慶年間改御壩為夏閉秋啟，已與舊制相反，雖亦時啟御壩，而黃水偶漲，即行倒灌。今又積墊丈餘，縱遇清水能出，亦止高於黃水數寸及尺餘，且或暫開即堵，僅能免於倒灌，不誤漕運，殊未能收刷滌之效。」（《道光東華錄》一八）

[568] 這條是據《續金鑑》三八，但考《嘉慶東華錄》三二，嘉慶十六七月才讓百齡奏請將灶工尾以下接築新堤，這項工程似並非全於十五年冬施工。又《續金鑑》有葉家社、張家社兩種寫法，葉家社在倪家灘之東約十餘里，見《水道編》。

[569] 《經世文編》九七，嘉慶十二年徐端疏稱：「陳家浦迤下北岸地方有名俞本套者，距海六十餘里，現有窄小河形，通湖達海。」

二十四年 （一八一九年）	七月，決儀封、蘭陽，經杞縣[570]由渦入淮。又決祥符、陳留、中牟。 八月，決武陟馬營壩，經原武、陽武、輝、延津、封丘等縣，下注張秋，穿運注大清河，分二道入海。[571]	
二十四年 （一八一九年）		豫省河水陡漲二丈餘。[572]一小股經獲嘉、新鄉、汲縣入衛。[573]撥款九百六十四萬兩。[574]
二十五年 （一八二〇年）	三月，又決儀封三堡，下流入洪澤。[575]	

---

[570] 同上，吳璥《安東改河議》。

[571] 《淮系年表》一三作九月，今據是年九月癸酉吳璥等奏，河決武陟王家溝，匯注馬營壩，實是八月二十八日的事（《續金鑑》四三）。王家溝在廣武山下（同上四五）。決河的一支由惠民哨馬口入徒駭，至沾化久山口出海（《再續金鑑》九七）。

[572] 同上一〇〇，道光五年張井疏。但據嘉慶二十四年七月孫玉庭等奏，陝州萬錦灘自六月二十二至七月初八漲潮七次，沁河漲潮一次，共漲潮一丈七尺八寸（《續金鑑》四三）。

[573] 《續金鑑》四三。

[574] 《嘉慶東華錄》四八。

[575] 《續金鑑》四四。

道光四年 （一八二四年） 至五年	御黃壩分溜倒灌，自清口至淮、揚，淤為平陸。[576]	
十二年 （一八三二年）	八月，決祥符。	

---

[576] 《道光東華錄》一〇載四年十二月潘錫恩奏，是年張文浩將御黃壩運堵以致倒灌停淤，又輒開祥符（五瑞二）閘，減黃入湖，壩口已灌於下，閘口復灌於上，湖底淤墊極高。

二十一年 （一八四一年）	六月，決祥符，在開封東南十餘里之蘇村口，分南北兩股：北股溜止三分，由惠濟河經陳留、杞、睢、柘城、鹿邑入渦，再經亳、蒙城，至懷遠荊山口會淮；南股七分，經通許、太康，至淮寧、鹿邑界之觀武集西，漫注清水河，茨河、[577] 澮河入皖，至宋塘河又分為二，一由西淝河至硤石山會淮。一由大沙河即潁河至八里垛會淮，兩股均下流於洪澤。[578]	明年二月塞，用帑六百十餘萬兩。[579]
二十二年 （一八四二年）	七月，決桃源北岸蕭家莊，漫水由六塘河經安東、沭陽、海州至頃沖河，穿運鹽場河，分歸灌河口、埒子口入海，計程三百六十餘里。[580]	

---

[577] 「茨」、「芡」字形相類而讀音不同，兩河復很相近，容易誤混。據《淮系年表・水道編》，茨河（名見《提綱》七）於阜陽縣境入潁，即《水經注》之細水。芡河上通亳縣，即《水經注》之濮水，東南至荊山南入淮。

[578] 《再續金鑑》八二，並參《道光東華錄》四四。

[579] 《再續金鑑》九二李鈞奏。

[580] 同上八三。

二十三年 (一八四三年)	六月,決中牟,分二支:正溜由賈魯河經尉氏、扶溝、西華入大沙河會淮。旁溜亦分為二:一由惠濟河經祥符、通許、太康、鹿邑、亳州入渦會淮,另一支由祥符經開封城西南,又東至陳留、杞,南入惠濟河尾歸渦河。[581]	明年十二月塞,用帑一千一百九十餘萬兩。[582]
咸豐元年 (一八五一年)	八月,決碭山北蟠龍集,[583]食城河淤,由沛縣之華山、戚山沖為大沙河,分入微山、昭陽等湖,又東溢位駱馬湖,由六塘河歸海。	明年二月塞,用帑四百萬兩。[584]
二年 (一八五二年)	二月,復決上年決口。[585]	用帑三百萬兩。[586]

[581] 同上八六。

[582] 同上九二李鈞奏。

[583] 褚紹唐二十二年黃河大泛及其治導,引《申報》:「高寨在碭山東境故河道之北岸,再東數里即為盤集,遜清道光年間黃流曾於盤龍決口,北經豐、沛之間,灌入昭陽、微(山)湖。」(《地學季刊》一卷四期六四頁)按盤龍即蟠龍,是咸豐元年事,不是道光事,它的下文引蕭緣代表呈文也作咸豐元年。

[584] 《再續金鑑》一五四金安清文。

[585] 據《咸豐東華錄》一三,《再續金鑑》九一似誤作五月。

[586] 《再續金鑑》一五四。

三年 （一八五三年）	五月，再決已塞決口。[587]	
五年 （一八五五年）	六月，決蘭陽銅瓦廂，至長垣蘭通集，溜分而二股：一股出曹州東趙王河及曹州西陶北河，漫定陶、曹、單、城武、金鄉五邑（九年時已淤）；一股由小清集至東明曾家莊，再分二支：一支出東明南經曹州，與前一股合；一支出東明北，經茅草河，過濮州、範、壽張。二股同至張秋而穿運，決五空橋入大清河（俗名鹽河，此處口寬九十五丈，深三丈餘），東至鐵門關北牡蠣嘴出海。至十年、十一年河溜專走東明南之一支。[588]	據同治六年查勘，銅瓦廂至河口長一千三百餘里，張秋至齊河二百八十里，齊河至河口五百七十五里。[589]

---

[587]　同上九一。

[588]　同上九二至九四。又五年七月，東河總督李鈞查覆稱：「黃流先向西北斜注，淹及封丘、祥符二縣村莊，復折轉東北，漫往蘭儀、考城及直隸長垣等縣村落，復分三股；一股由趙王河走山東曹州府迤南下注，兩股由直隸東明縣南北二門分注，經山東濮州範縣至張秋鎮匯流穿運，總歸大清河入海。」（《咸豐東華錄》三四）

[589]　《再續金鑑》九七。

這一個時期前後共六十年，大致來說，是借黃濟運時期，淮水已被黃河窒息到喘不過氣來。到咸豐五年之決，遂任其自流，不復引歸故道，因之，人們便稱這一次為黃河大徙之六。黃河徙道自有史以來，是不是那麼少？又「大徙」跟「小徙」有無明確的界說及範圍？我在前文各節裡面已提出過不少的討論。還有，我們對銅瓦廂的潰決，不要過分重視其決定性，即是說，不要以為黃河到那時已無法使其復行南流的可能。假使當日不是恰遇著太平軍起義的風雲，清廷還擁有較鬆裕的財力，那麼，黃河的北流恐怕又會再移後若干年。《歷代治黃史》六曾說，「銅瓦廂決口若即行杜塞，黃河至今不由山東入海，亦未可知」，是不錯的。遠的不必說，嘉慶八年決封丘衡家樓，趨鹽河，經利津入海，二十四年又決武陟馬營壩，注大清河入海，如果清廷不力塞決口，黃河改道又何嘗不可提前四五十年呢？總計由清初至咸豐五年止，潰入大清河的共有六次，南潰入賈魯等河的共有九次，依理論說，也不能不認是黃河的改道。唯是各處都不久 —— 最多不過數年 —— 便用人力堵塞，倘若呆板地通通歸入改道來計算，就不勝其麻煩，結果更會鑽入牛角尖去。所以我對於歷來河道變遷，不主張用胡渭的編號方法。

總而言之，在較早的時代，人們尚未十分了解黃河本身挾帶著的惡根性（沙泥），治河的方法又方初期發展，所以遇到黃河

潰決，或長時間聽任其自流（如漢武），或對於舊道、新道之利害，各執一說（如北宋），因而改道的次數比較特多。後來到了明、清，維持舊道說占了優勝，碰著決口，隨時立即堵塞，防河技術固然是時代越後越為進步，然而觀點改變，也於河道變遷的次數多少有相當影響，這是我們研究黃河史時所應該曉得的。

黃河到這一個時期不安其居，已表現得非常明顯，關於此點，可分作三段來觀察。

（甲）中游

又可再分為兩項：(1) 決入渦水等河而會淮，如嘉慶三年、十八年、二十四年、二十五年，道光二十一年及二十三年共六次。(2) 沖出張秋，如嘉慶八年、二十四年共兩次。

（乙）下游的上段

也可分作兩項：(1) 北岸決曹、豐、碭一帶，橫沖運河，如嘉慶元年、二年及咸豐元年共三次。(2) 南岸決蕭縣入洪澤，如嘉慶十六年。

（丙）下游的末段

海口改變，屬北岸的如嘉慶十一年、十三年、十六年，道光二十二年及咸豐元年計五次，屬南岸的如嘉慶十二年。

那種較重要的變遷，平均每三年就發生一次，海口當然有毛病，但從前頭分析的結果來看，受病的地方顯然不專在海口，上游河南的堤防敗壞（見前引阿桂奏疏），也有其招致潰決的原因。辦理河務人員，理應統籌全域性，才足以應付當前緊張而危急的局面，可是人們的目光多偏注於海口，自嘉慶八年以後，提出這一類改河動議的總有五六次之多，[590] 也終於沒有實行。

原來這一類改海口的論調，也不始自嘉慶，乾隆中葉早已有人提出，如裘日修說：「安東、海州、沭陽之境，有南、北二股河焉，即昔之石㳶湖也。西距沭陽，東逼東海，約三萬四千五百餘頃，其黃河東歸之正道乎。誠由清河北境，導河達湖，由湖東鹽河左開數支河以播於海，上溯九河、八河之遺法，是所謂疏也。」[591] 乾隆五十一年，阿桂、李奉翰又實行於下游北岸開挖二套引河，冀黃水由南、北潮河入海，因地高土硬，旋即淤閉，仍由原路歸海。[592] 又嘉慶十一年，戴均元議令黃河循鹽河、六塘，東至灌河口入海。[593] 這一個問題，嘉慶十六年，百齡的《勘海口籌全河疏》討論得較詳細，他說：「查

---

[590] 如道光五年，河督嚴烺擬改由王營減壩入灌河口，六年，河督張丼擬由東門工沿北堤改至絲網浜仍入舊海口。十二年，尚書朱士彥擬由桃源北岸改至安東仍歸舊河（據《再續金鑑》八四潘錫恩奏），餘如嘉慶十一、十二、十三各年都有提議，可參《淮系年表》一三。

[591] 均《經世文編》九七。

[592] 同上。

[593] 同上。

前明臣潘季馴治河時，河決崔鎮，我朝康熙初年，河決荶良口，皆由灌河入海，或一二年，或三數年，俱因不能暢達，旋即挽歸舊路。迨康熙三十五年，前河臣董安國創議改道，築攔黃壩，開通馬港河，導黃由北潮河出灌河入海，而連年河決四次。……迨三十九年，河臣張鵬翮堵閉馬港，盡拆攔黃壩，挽歸故道……數年之後，河患始平。且查灌河一路，為山東蒙、沂諸水下游，而海州之五圖河、六塘河及沭陽、贛榆、安東之水，俱從彼入海，若使黃河串入其中，諸道河渠皆為淤墊，安東迤下水無節宣，沿河諸邑勢必匯為澤國。」結論則「黃河之利病，亦不全繫於海口」，及「全河之勢，尚須從上游講求」，賀長齡贊為「此二語皆深得要領」。[594] 百齡又稱從北潮河出灌河一路，「該處積沙高下停滯，並無河槽……詢之土人云，下系膠泥，前黃水漫注兩年之久，不能沖刷深通，因地勢寬敞，聽其散流入海」，主張仍用舊日的海口。[595] 按黃水由灌河出海，向無十年以上之歷史，百齡說灌河底是膠泥，尤徵該處非黃土沖積的領域。論者必欲強迫黃河經行其地，直是拂水之性，知識未免太過幼稚了。

　　總括來看，他們提議的新道，無非局限在蘇省下游，即使能夠實行，對全河的大勢也未必就會發生好的轉變，結果還是

---

[594] 同上九九。
[595] 《續金鑑》三八。

徒勞無功，加深人民的困苦罷了。即如張井的安東改河議，注重在導河繞避高淤，[596] 然而這種的繞避，可以維持多少年呢？經過多少年後，因為黃河常挾著大量的泥沙，從前低窪的又逐漸變成高淤了。張井的辦法固然可補救於一時，但究非向比較長久那方面去著想，包世臣驚為豪傑，[597] 未免推許過分。

嘉慶十年，兩江總督鐵保有過一篇《籌全河奏疏》，大致說：「河防之病，論者紛如聚訟，有謂海口不利者，有謂洪湖淤墊者，有謂河身高仰者。」他對第一說的反駁，以為「從古無浚河口之法，亦無別改海之地」，對第二說的反駁，以為「清水之敵黃，所爭在高下而不在深淺」，而歸重在專心清口。[598]《水利史》的批評說：「其言明晰扼要，然而清口倒灌如故，沙淤屯積，河事益岌岌矣。」[599] 試問清口為什麼倒灌？無非黃高於淮。黃何以高？即為河身高仰。依這樣聯繫來推掄，可見要根除清口倒灌，無疑要針對著河身高仰來想法。我們再看鐵保對於第三說是怎樣反駁呢？他說：

唯河身淤高，誠有此病，詢之在工員弁、兵夫及瀕河士庶，僉稱嘉慶七、八、九等年，河底淤高八九尺至一丈不

[596] 《經世文編》九七。
[597] 《水利史》八九頁。
[598] 《經世文編》一○○。
[599] 《水利史》八五頁。

等，[600] 是以清水不能外出，河口之病，實由於此。但黃河之通塞靡常，變遷無定，歷考載籍，有時上滯而下通，有時上深而下淺，並有時上下皆通而中段忽然淺澀，實黃河自然之勢……且大河遼遠，巨浸茫茫，亦萬無水底挑撈之理。

接著拈出潘、靳的專心清口為例，他又說：

目下受病之處，與昔正同，雖在河身淤高，亦由歷久之開壩多傷，各處之支河漸塞，以致清口日淤，下游受害，治法總以復清口舊規、疏洪湖歸路為目下刻不容緩之急務。[601]

一方面不敢不承認淤高的結果，使清水無法外出；他方面卻急急撥轉馬頭，說專治清口便得，這是不是合於辯證方法？清口外的河身既然比清口內的淮身較高，試問淮水哪能沖出？賀長齡指出他的「置河身淤高於不問而專事清口，則主持太過。河身不低，則清口且無出路，雖出亦弱，尚安望刷黃攻沙之力乎？且潘、靳二公亦豈不治河身者？」[602] 批評是沒錯的，我還要補充一點，靳輔治河得力的地方，全在於用川字溝來刷深河底，鐵保只看作專治清口，直是倒果為因，抓不著重心了。總括一句，鐵保的言論，包含著非常對立的矛盾，「扼要」兩字，萬萬不敢恭維。

---

[600]　嘉慶二十三年，黎世序奏徐州堤頂有高過城堆的。又咸豐二年魏源《籌河篇》稱，兩堤中間高於堤外四五丈（《再續金鑑》一五八）。

[601]　《經世文編》一〇〇。

[602]　同上。

先一年（嘉慶九年），吳璥的奏疏曾說：「黃河挾沙而行，趨向莫測。東坍則西漲，此淺則彼深，水性使然，變遷靡定。即能將淤處挖去，不能禁其水過復淤；即能將淺處挑深，不能禁其他處又淺。」[603] 跟鐵保的論調可說完全相同，乍然看來，很容易被它所搖惑。但我們試套著吳氏的語氣來作一句反質，「即能將決處塞好，不能禁其來年復決，也不能禁其他處又決」，我們是不是可以根據這樣的理論而任聽決口自流呢？不，那麼，浚就斷然是治河各種必要方法的一件。不過往日講求治河的人，心裡總存著一勞永逸的希望；哪曉得黃河先天帶著惡根性，必須永遠用人類的血汗、勞動、智慧來和自然界作鬥爭，如若不然，人類便被水所戰勝了。「無水底挑撈之理」，真是廢話。

清口何以至明嘉靖而後淤塞，我在前節中批評潘季馴治河時，已提出個人的意見，以為明代初期自清口流出的水量，是黃、淮合併體，其勢強。弘治以後，潁、渦跟黃河的聯繫常常中斷，全淮水勢大大減弱，淮力已不足敵黃，所以清口漸塞。然而那不過從明代的河變來推測，後來我讀到清代河史這一期，才無意中找出一個平行的實證。當嘉慶十八年的時候，「全黃澄清入淮，洪澤湖飽滿，暢出清口。清口以下，黃河刷深……為南河一大轉機」。[604] 清口能夠暢出，完全因為黃河大溜

---

[603]　同上一〇二。

[604]　《古今治河圖說》四三頁，並參《清史稿·河渠志》一。

第十四節（上） 清代的河防

決睢州奪渦入淮，是一件極其明白的事，試看睢工塞了僅過三
年（嘉慶二十四年），清口便鬧倒灌，尤為絕好的反映。可惜當
日籌劃河務的人沒有注意和利用，而唯循守著「凡決必塞」的教
條，近世研究河史的也沒有推闡到這個轉機會發生什麼影響。
我們試設想，假使睢州決口能保留為分洩之用，清口似乎不至
弄成那麼糟，最低限度，也可以展緩黃河的變化。潘季馴的「蓄
清敵黃」，清代二百年間多奉為治河不易之成規，但這句話是經
不起科學分析的。以一敵百，人事上盡有這樣可能，在自然科
學上，要用少量的力來抵抗和戰勝多量的力，那是違背了力學
的原理。我們試問集合淮、睢等水的流量，能夠抵敵著 —— 尤
其是當盛漲時候，萬里長河之水嗎？可見蓄清「敵」黃，只是人
們的理想，沒有聯繫到實際方面，理論的原則雖然不錯，實際
卻收不到效果。「減黃助清以敵黃」，可說是向實際上推進一步
了。然而，（1）所減的只是毛城鋪等壩閘，為量有限，實力仍不
足以敵黃。（2）減出的地方下在碭、徐、睢一帶，來勢不夠長而
猛。我以為結合理論和實際的辦法，應該是「從中游減黃助清以
敵黃」。減在中游，一可解除豫東一部橫決的威脅，二可助長清
流方面猛烈的來勢，實兼有兩種作用。爭奈治河者始終挾著漕
運一小段仍須靠黃的成見，殊不知這一小段並非絕無改造的辦
法。他們又不曉得向漢、唐、宋吸取調節汴口的經驗，無怪乎
清口淤阻問題，直延至銅瓦廂改道，還沒找出解決的辦法了。

吳璥說：「考古證今，總以蓄清敵黃為第一要策，其次則減黃助清，尚屬補救之一法。」[605] 所見正是百尺竿頭，尚差一步。

最末，談到銅瓦廂改道，則明人萬恭的話也有一提之必要。他說：「若不為餉道計，而徒欲去河之害以復禹故道，則從河南同瓦相一決之，使東趨東海，則河南、徐、邳永絕河患。」[606] 看他的話，便感到（一）前人治河，一面是束手無策，另一面仍憧憬著長治久安，歸根不外依賴自然；即潘季馴最有名的束河攻沙，也從這一點出發。（二）萬恭的話好像已洞見到二百年後的情狀，其實從歷史經驗來看，黃河不南出徐、淮，便北走山東，是必然的道理，唯是出事地點恰恰在銅瓦廂，令人覺得有點巧合罷了。

清初談改河的，都承襲著漢、宋人經義治河的舊解，即如順治九年，河患方亟，言官許作梅、楊世學、陳斐等交章請勘九河故道，使河北流入海，[607] 胡渭的《禹貢錐指》也承襲這一派人的餘論。當日總河楊方興曾駁他們說：「黃河古今同患，而治河古今異宜。宋以前治河但令入海有路，可南亦可北。元、明以迄我朝，由清口至董口二百餘里，必借黃為轉輸，是

---

[605]　《經世文編》九九。

[606]　《圖書整合·山川典》二二三。《錐指》四〇下也說：「縱河所之，決金龍，注張秋而東北由大清河入於勃海，殊不煩人力也。」

[607]　均《清史稿·河渠志》一。

治河即所以治漕，可以南不可以北。若順水北行，無論漕運不通，轉恐決出之水，東西奔蕩，不可收拾。今乃欲尋禹舊跡，重加疏導，勢必別築長堤，較之增卑培薄，難易曉然。且河流挾沙，束之一，則水急沙流；播之九，則水緩沙積。數年之後，河仍他徙，何以濟運？」[608] 大抵改河之說，如發在河水決出新路之後，則是順已然的局勢，還值得考慮。但假使要開挑數千百里的新河，耗費固然很大，而挑成後能不能順利引流？新河經過的地方可不可以比舊河經過的地方減少傷害？都是毫無把握的動作，所以這一派的論調，可稱為書生之見。

其確然主張改入大清河的，有孫嘉淦和嵇璜。[609] 孫氏的請開減河入大清河疏（乾隆十八年）大致說：「大清河者，繞泰山之東北，起東阿而迄利津，乃濟水之正道。……張秋並非河岸，而史屢言決張秋者，以黃河北決，必經張秋以潰運河。……張秋之東，不及百里，即東阿之安山，下即大清河，黃河決水不能逾山東走，自必順河北行，故凡言決張秋者皆由大清河以入海。……蓋以大清河之東南，皆泰山之基腳，故其

---

[608]　同上。

[609]　乾隆四十六年，嵇璜面奏令黃河仍舊山東故道，阿桂等議覆稱，山東地高於江南，若導河北注，揆之地形之高下，水性之順逆，斷無是理等語（《乾隆東華錄》三六）。又《清史稿・河渠志》一，李鴻章疏：「此外裒日修、錢大昕、胡宗緒、孫星衍、魏源諸臣議者更多。」按龔氏只認引入大清為次策，見《經世文稿》九七《治河策》下。胡宗緒著《對河決問》，見十四節下。孫星衍《禹廟二渠考》，見同上《文編》九六。又魏源《籌河篇》見他的文集。

道亙古不壞，亦不遷移。從前南北分流之時，已受黃河之半，嗣後張秋潰決之日，間受黃河之全。然史但言其由此入海而已，並未聞有沖城郭、淹人民之事，則此河之有利而無害，亦百試而足徵矣。」[610] 他的主張實即恢復古代黃分流（即河、濟並行）之局，是一個比較可行的辦法，如果遇到河水北決時不把決口堵塞，就可達到目的，也不需加什麼人力。不過北流的變化，從歷史經驗來看，或會侵入河北。從近年事實來看，山東下游亦非毫無損害，孫氏所稱有利無害，卻流於過分樂觀。

(5) 銅瓦廂改道以後至清末

| 咸豐十年
（一八六〇年） | 六月，裁南河總督及所屬官兵。[611] | |
| 同治二年
（一八六三年） | 六月，決蘭陽，一股直下開州，一股旁趨定陶、曹、單，考城、菏澤、東明、長垣、鉅野、城武、濮州、範、壽張等均被淹。[612] | 六月，僧格林沁奏，壽張之梁山見隔黃水以南。[613] |

---

[610] 《經世文編》九六。

[611] 《咸豐東華錄》六三，或誤作十一年六月。

[612] 參《同治東華錄》二三。《淮系年表》一四誤為三年事。

[613] 同上《東華錄》二六。

五年 （一八六六年）	七月，決河南上南廳胡家屯。[614]	
七年 （一八六八年）	六月，[615]決滎澤房莊，入鄭州、中牟、祥符、陳留、杞，下注潁、壽，入洪澤。[616]秋，決鄆城趙王河東岸之紅川口（或作灄河紅船口）、霍家橋，大溜漸移安山，由安山入大清河。[617]	八年正月塞，用帑一百三十餘萬兩。[618]九年，再由沮河頭溢入濟河，下注牛頭河[619]（沮河在鄆城，牛頭河在嘉祥）。紅川口十年已淤塞。[620]

---

[614]　同上五六。上南轄滎澤、鄭州及中牟的一部。

[615]　據《再續金鑑》九八。《黃河年表》作七月（二三五頁），乃依報到日期。

[616]　參據《同治東華錄》七四。

[617]　《再續金鑑》九八。霍橋南三里為紅川口（同上九九）。

[618]　《再續金鑑》九八。

[619]　同上九九。牛頭河在南旺湖之南，入南陽湖，見《水道編》。

[620]　《再續金鑑》九九。

十年 （一八七一年）	八月，決鄆城沮河東岸侯家林，東注南旺湖，又由嘉祥牛頭河氾濫濟寧，入南陽、微山等湖，淹鉅野、金鄉、魚臺、銅山、沛等縣。[621]	明年二月塞，用帑只三十二萬餘兩。[622]
十一年 （一八七二年）	浚徒駭河。[623]	

[621] 參據同上九九。《同治東華錄》九一稱，由王家橋竄牛頭河，入南旺湖，趙王河水又灌入牛頭河。《再續金鑑》九九又載蔣作錦《導河引衛通運圖說》稱，張秋南「有秦漢時大堤一道，經壽張、範縣、濮州、開州諸境。大堤東有魏河、洪河、小留河、瓠子河，總彙岔河口，統名沙河。沙河東有趙王河，均為黃水入大清河故道，同匯注於張秋之沙灣」。銅瓦廂決後，「諸溜均在大堤以東、趙王河以西北，注張秋，東入大清河。迨至由連家樓（霍橋西八里）東決趙王河堤之洪川（即紅川）、霍橋等處，則黃流漸歸鄆城東之沮河，北注戴家廟，由斑鳩店入大清河。嗣又東決沮堤之新興屯（在鄆城東北），北注安山三里堡，至清河門入大清河。此二口門水流不暢，旋即東決沮堤之侯家林（在鄆城東），南灌濟、徐」。又同書一〇一丁寶楨奏稱，黃水（同治十二年）「前數年原自荷澤之閻什口，濮州之張家支門（紅川口南二十五里），循趙王河北行。……嗣一決紅川口，再決霍家橋，大溜東趨，河身漸改為東西情形」。我們得此，也可以約略曉得銅瓦廂未決前張秋西南一帶的情形，和已決後十多年間新河河床不穩定的概況。
[622] 《再續金鑑》一〇〇及《光緒東華錄》三。
[623] 《光緒東華錄》三〇。

十二年 （一八七三年）	閏六月至七月中旬，決東明之嶽新莊、石莊戶（在司馬集東二十餘里），溜分三股：南溜最大，由石莊、張家支門（與石莊相對）沖漫牛頭河、南陽湖入運，經金鄉、嘉祥，趨宿遷、沭陽等處，入六塘河；中溜由紅川口入沮壽河；北溜由正河北注，折入邱城、張。[624]	正河斷流二十餘里。光緒元年三月，築塞石莊戶下十餘里南岸之賈莊（屬菏澤），引歸舊河，用帑九十八萬餘兩。[625]
光緒四年 （一八七八年）	決白龍灣，入徒駭河。[626]	
六年 （一八八〇年）	九月，決東明高村，漫菏澤、鉅野、嘉祥數縣。[627]	十一月塞。[628]

[624] 《再續金鑑》一〇一一一〇二。又同書一〇〇，同治十一年八月下引《鄆城志》，大溜直沖縣城，又引《山東通志》，「張家支門決口南半入濟，北半入沮」。按十二年十一月，丁寶楨奏，是年六月底支門之溜，直抵鄆、巨（同上一〇一），可是這一年內，《再續金鑑》並未引《鄆城志》被災情形，是否這兩項資料是前差一年，須檢對《鄆城》、《山東》兩志，才能決定。

[625] 同上一〇二一一〇三及《光緒東華錄》三。

[626] 見光緒五年九月周恆祺奏（《東華錄》三〇），但十二年三月陳士傑奏又稱，決惠民北岸姚家口，沖開陳家廟、任陳莊大堤，向東北約二十里入徒駭河，「此即光緒元二年白龍灣、黃毛墳決口由徒駭河入口之故道也」（同上七五）。檢手頭各書，都未見這一記事，是元二年或四年，尚待查考。

[627] 《再續金鑑》一〇八。《治河論叢》（二〇一頁）誤作四年。

[628] 《再續金鑑》一〇八。但七年六月李鴻章才奏報堵東明高村竣工（《東華錄》四一），《淮系年表》一四於《六年》下也稱「明春塞」，這一條怕有錯誤。

八年 （一八八二年）	七月，決歷城北岸之桃園，由濟陽入徒駭河，經商河、惠民、濱州、霑化入海。[629]	十一月塞，用帑三十四萬餘兩。
九年 （一八八三年）	五月，決齊東、利津及歷城。[630] 十月，決齊東、利津及蒲臺。[631]	
十年 （一八八四年）	閏五月，決齊東南岸蕭家莊、閻家莊，歷城南岸霍家溜、河套圈及利津南岸等處。[632]	
十一年 （一八八五年）	五月，決齊河趙家莊，入徒駭。又決章丘南岸郭家寨，入小清河。[633]	

[629] 《再續金鑑》一〇九。

[630] 《光緒東華錄》五四。

[631] 同上五六。

[632] 同上六二。據同書七八，光緒十二年九月張曜奏，十二年決河套圈之水，行郭家寨入小清河，由章丘至樂安等八縣入海。

[633] 《再續金鑑》一一七。據福潤奏稱，古之小清河，自歷城、章丘起即承濟水、漯水，直注海口為一大幹河。康熙年間上截乾涸，即從軍張鸞起專洩潲山，以獺水為來源（按均在鄒平西南）。乾隆年間高苑境內又乾涸四十餘里，遂引濟水由繡江河（章丘北）灌注大清河而小清淤。光緒八年魯撫陳士傑擬自歷城黃臺橋開濬上新河，引水注支脈溝，因事中廢。嗣十七至十九年在張曜、福潤兩任內，首從壽光海口起挑至博興金家橋，長一百十餘里。再由金家橋向西取直，就支脈，預備兩河套內，擇其窪區，接開正河，歷博興、高苑、新城、長山、鄒平五縣，至齊東曹家坡止，長九十七里半；又在金家橋迤下循預備河故址，浚支河二十四里至柳橋，以承麻大湖上游各河之水。又次齊河、章丘、歷城三

十一年 （一八八五年）	六月，決壽張孫家碼頭，分兩股：小股漫陽穀。大股穿陶城埠，趨東阿、平陰、肥城，抵長清趙王河，半由齊河入徒駭，半由五龍潭出大清河。[634] 七月，決長清大碼頭，入徒駭。[635]	
十二年 （一八八六年）	正月，決濟陽、章丘交界之南岸何王莊，分溜約十分之三，半由枯河、壩河仍歸正河，半出蒲臺至利津寧海莊入海。[636] 三月，決惠民北岸王家圈、姚家口，均入徒駭。[637] 又決濟陽北岸安家廟、章丘南岸吳家寨。[638]	

縣境內柴家莊至流蘇鎮一段，原河曲折高仰，須取直生開，計長一百四十七里有奇（《光緒東華錄》一一○及一一六）。

[634]　均同上《再續金鑑》。又《光緒東華錄》七五載光緒十二年三月的上諭，有「上年何王莊決口」的話，似十一年何王莊也曾決過，但不知哪個月的事，或者十二年正月的記載只據報到之日，也未可定。

[635]　同上。

[636]　《再續金鑑》一一九。

[637]　據《東華錄》七五是年三月陳士傑奏，王家圈是與惠民毗連的地方。又據同書七六是年五月同人所奏，從姚家口入徒駭，至濱州裴家口分為兩道；一由徒駭河（一名寬河），一由止河流鐘口，於大年莊匯合入海。

[638]　《再續金鑑》一二一。又《光緒東華錄》八三載十三年六月張曜奏，「上年滑縣漫

十二年 （一八八六年）	六月，決齊河北岸趙莊，入徒駭。又決歷城南岸河套圈，入小清。[639]	
十三年 （一八八七年）	六月，決開州大辛莊，灌濮州、範、壽張、陽穀、東阿、平陰、茌平及禹城。[640] 八月，決鄭州，溜分三道，經中牟灌入賈魯河，東過祥符朱仙鎮，南經尉氏，由歇馬營折向正東會渦河。南注周家口，經扶溝、華、商水、淮寧、項城、沈丘各縣，循潁西入於淮。旁及洧川、鄢陵、通許、太康、鹿邑等縣。正河斷流。[641]	明年十二月塞，用帑約一千一百萬兩。[642]

溢，開州、濮、範等處即被淹及」。「上年」不知是否指十二年，附記以待考。

[639]　《歷代治黃史》五。

[640]　同上。

[641]　《再續金鑑》一二一、一二二。

[642]　同上一二七。唯一三五任道鎔奏作一千二百萬。

十五年 （一八八九年）	六月，決章丘之大寨、金王等莊，分溜由小清河經樂安入海。[643] 七月，決齊河之張村，分溜入徒駭河。[644]	十月塞。 九月塞。
十八年 （一八九二年）	閏六月，決惠民北岸白茅墳，歸徒駭河入海。又決利津北岸張家屋。 七月，又決濟陽北岸桑家渡及南關灰壩，水匯白茅墳歸入徒駭。[645] 又決章丘南岸之胡家岸，由小清河之羊角溝入海。[646]	十一月塞。[647] 均九月塞。[648]

---

[643]　均同上一二七。大寨之決，《古今治河圖說》（五三頁）誤作十四年。

[644]　同上。

[645]　均《光緒東華錄》一一一。《清史稿・河渠志》一：「又決利津張家屋、濟陽桑家渡及南關灰壩，俱匯白茅墳，歸徒駭河。」今考東撫福潤奏之「又利津北岸王莊迤下之張家屋地方……」是自為一節，地在下游，其漫水並不是倒漾白茅墳。《水利史》稱張家屋在利津南岸，也是錯誤。

[646]　同上《東華錄》。

[647]　均同上一一二。

[648]　均同上一一二。

二十一年 （一八九五年）	正月，決濟陽北岸高家紙坊，入徒駭。[649] 六月，決利津北岸呂家窪。又決齊東南岸北趙家，由青城南趨，直灌小清河。又決壽張南岸高家大廟，直趨沮河，復繞東南至梁山、安山一帶，仍入正河。[650]	
二十二年 （一八九六年）	五月，決利津北岸趙家菜園，與呂家窪倒漾之水相接。[651]	

---

[649] 《歷代治黃史》五。

[650] 參《東華錄》一二八及《歷代治黃史》五。

[651] 據《東華錄》一三四，是五月十八日出險，《歷代治黃史》五作「七月」，是錯的。

二十三年 （一八九七年）	正月，決歷城、章丘交界之小沙灘、胡家岸，由郭家寨經齊東、高苑、博興、樂安等縣入海。[652] 五月，決利津兩口，匯由迤南絲網口入海，東撫李秉衡請留為入海之路。[653] 十一月，決利津北岸姜莊、馬莊，由沾化之泧河入海。[654]	明年正月塞。[655]

---

[652]　《東華錄》一三九及《歷代治黃史》五。

[653]　《歷代治黃史》五，《水利史》（九六頁）誤為二十四年。

[654]　均《再續金鑑》一三八。

[655]　均《再續金鑑》一三八。

二十四年 （一八九八年）	六月，決歷城南岸楊史道口，奪溜十之五六，經高苑、博興、樂安一帶，由小清河入海。[656] 決壽張楊莊，由鄆城穿運，仍入正河。[657] 決東阿王家廟，分溜十之一，由茌平、禹城等直入徒駭。[658] 決濟陽桑家渡，分溜十之四，由商河、惠民、濱州、沾化等經徒駭直趨泲河入海。[659] 七月，裁東河總督，九月復置。[660] 冬，李鴻章帶比工程師盧法爾勘東河，估工三千二百萬兩。[661]	十二月塞。[662] 明年正月塞。[663] 九月塞。[664] 十月塞。[665]

[656]　均《再續金鑑》一三八。

[657]　均《再續金鑑》一三八。

[658]　均《再續金鑑》一三八。

[659]　均《再續金鑑》一三八。

[660]　均《再續金鑑》一三八。

[661]　《再續金鑑》一三九。

[662]　《再續金鑑》一三八。

[663]　《再續金鑑》一三九。唯《黃河年表》引《治水述要》作二十五年三月（二四五頁），檢《東華錄》一五二，則二十五年二月楊莊合龍已有保案，作三月誤。

[664]　均《再續金鑑》一三八。

[665]　均《再續金鑑》一三八。

二十六年 （一九〇〇年）	五月，決濱州張肖堂家，歷惠民、陽信、沾化、利津，由洚河入海。[666]	三月塞。[667]
二十七年 （一九〇一年）	六月，決惠民北岸五楊家。 又決章丘南岸陳家窰。	九 月 塞。[668] 十一月塞。[669]
二十八年 （一九〇二年）	正月，裁東河總督。[670] 六月，決利津南岸馮家莊。	十月塞。[671]
二十九年 （一九〇三年）	決惠民劉旺莊。 六月，決利津小寧海莊。	二 月 塞。[672] 十二月塞。[673]

[666] 《光緒東華錄》一五八。

[667] 同上一五九，《黃河年表》（二四七頁）誤作次年正月。

[668] 均同上《黃河年表》。

[669] 均同上《黃河年表》。

[670] 《再續金鑑》一四一。《清史稿》誤作二十七年。

[671] 同前《黃河年表》。

[672] 同前《歷代治黃史》。

[673] 同前《黃河年表》。

三十年 （一九〇四年）	正月，決利津北岸王莊等處，由徒駭入海。[674] 六月，決利津北岸之薄莊，穿徒駭至老鴰嘴入海，以水行較暢，故不塞。[675]	二月塞。[676]

　　這一期自咸豐五年（一八五五年）改道起至清末宣統三年（一九一一年）止，僅五十七年。

　　從前河水合淮出海的時代，提倡改道的多數以為把它轉移到山東方面，中游（河南及山東西部）便可安然無事。然而事實告訴我們，這種想像過於奢望，過於依賴，是不能兌現的。僅僅六十年的當中，沖破中游而注入淮河的有了兩次（同治七年及光緒十三年），沖漫中游而灌入蘇省的也有了兩次（同治十年及十二年），平均起來，每十四年總會發生一次，黃河離開淮水後之為患，何嘗比合淮時代特別減少。

　　光緒十三年，翁同龢、潘祖蔭奏：「自大禹之後，行北地者三千六百一十餘年，其南行者不過五百一十九年。」[677] 這

---

[674]　均《再續金鑑》一四三。《治河論叢》一九九頁也作也作三十年正月，唯一九四頁誤為二十三年。

[675]　均《再續金鑑》一四三。《治河論叢》一九九頁也作也作三十年正月，唯一九四頁誤為二十三年。

[676]　《再續金鑑》一四三，唯一四四錄楊士驤奏誤作八月。

[677]　《光緒東華錄》八五。

個統計大大錯誤，我在導言內已有說明，這裡不用復述。他倆都是江蘇人，地方主義色彩很濃厚，所以不願意河回到南邊，而做出強詞奪理的話。此外，當時主張北行的還帶著一種錯誤觀察，以為河入東省後沒有或很少潰決（例如宗源瀚《籌河論》）。我們須知那十餘年間，黃河「在直境者約一百五十餘里，在東境者九百餘里，未穿運以前，直東共約三百餘里，並無河身，系氾濫於民地，溜勢每年變遷，南北寬至百餘里，悉趨窪地，均在曹屬境內。計歷十四、五年，窪地多已淤高，同治八九年漸有漫溢，波及兗、濟」（據潘駿文《現議山東治河說》，約光緒十七年作）[678]。它並不是不決，只是從破堤的沖決變形為沒堤的漫決，這一點斷不能作為北行勝過南行的論據。及到了東省上游堤漸修繕，下游就幾於無歲不決（光緒前半葉），這可以作為反證。

它的弊病是什麼？光緒二十二年三月，任道鎔奏河有三大病，日曲、日淤、日窄。咸豐改道時，大清河身僅寬里許，並有不足一里者，節節坐彎，[679]這已經夠說明山東河患所以特多的原因了。光緒十二年，陳士傑曾舉出，「黃河東徙以來三十二年中，南決入小清河者四次，北決入徒駭河者二十餘

---

[678] 《再續金鑑》一五六。

[679] 《光緒東華錄》一三三。張矅又稱，濼口兩岸相去九十七丈九尺，唯上下游均較濼口為寬，有至三四百在就者，見同上七八。

次」[680]。自這以後至清末止，據我們所知，入小清河的最少還有五次（光緒十五年、十八年、二十一年、二十三年及二十四年），入徒駭的六次（光緒十五年、二十一年、二十四年及三十年，又十八年兩次），入淯河的三次（光緒二十三年、二十四年及二十六年），入老鴰嘴的一次（光緒三十年），光是山東東部，人民的受苦已不堪設想！

更有當注意的是黃河入海的河口。計自轉入山東以後，僅及六十年，海口已經過好幾回變遷。因為沒有隨時勘查，詳細經過，不盡曉得，現在把見於記載的鉤稽參比，也還可以知其大略。最初是經鐵門關、蕭神廟牡蠣嘴入海。[681] 到同治六至十二年間，牡蠣嘴已成泥灘，自二河蓋向正東（？）沖開一口門，名新河門，至太平灣入海。[682] 光緒七年，新河門又塞，黃河仍走舊河口。[683] 十五年三月，決利津之南北嶺莊，由下游韓家垣至毛絲坨入海，[684] 東撫張曜即把舊口截斷，以此為入海之

---

[680] 同上七五。《再續金鑑》一一九引文誤作三十餘次，唯同書一二六，光緒十四年十一月下引林紹年奏正作二十餘次。

[681] 據光緒十三年張曜奏，鐵門關原去海口四十餘里，蕭神廟東即舊海口，三十年來已日就淤墊，現在海口去鐵門關已九十餘里（《再續金鑑》一二三；所謂現在海口，即同書一三六，光緒二十二年李秉衡奏之紅頭窩，但同書一二七，光緒十五年同一人奏又作五十及一百二十餘里。紅頭窩，《黃河現勢測圖》同，《水道編》誤作紅顏窩，說在牡蠣嘴東三十餘里。

[682] 《再續金鑑》九七及一〇一。

[683] 同上一〇八。

[684] 同上一二七。唯同書一三五載李秉衡奏：「光緒十三年南嶺子決口，即有人建由此入海之議。」、「十三」是「十五」之誤。

257

路。[685] 奈海潮頂託，淤高而不暢流，二十一年六月，決鐵門關
上游之八里莊、呂家窪，溜分兩大枝，一經正北豐國鎮迤下各
鹽灘引潮官溝入海；[686] 韓家垣正流淤塞，一繞出南支楊家河入
海。[687] 李秉衡初擬留呂家窪作海口，唯二十二年五月又決利津
北岸之趙家菜園，由左家莊經邢家南窪、後窪等莊，直趨利國
鎮，刷開王家小河，流入徒駭河下游之洚河；又東行一股至季
家屋子，與呂家窪之水匯合，由慶定溝會入洚河。[688] 呂家窪漸
淤幹，乃改擬挖陳家莊至李家灶新河以達蕭神廟舊河，施工未
畢。[689] 二十三年 [690] 五月，決利津南岸之北嶺子及西灘，向東
由永阜莊趨南禹莊、辛莊，經楊家河折向南行，順二道嶺，計
約七十餘里之絲網口入海。東撫李秉衡以韓家垣已淤塞，請留
作入海之路。[691] 這是光緒二十四年以前的大略情形。據那時候
盧法爾勘查的意見，三個海口之中，鐵門關（紅頭窩）海口向
東北，走了三十餘年，自鹽窩至海口約一百一十里；韓家垣海
口向正東，走了八九年，自鹽窩至海口約一百里，兩口均有攔
門沙。絲網口向東南，水流散漫，並無河道，自鹽窩至海口約

---

[685]　同上一三八。

[686]　同上一三四。

[687]　《歷代治黃史》五。

[688]　《再續金鑑》一三六。

[689]　《歷代治黃史》五。

[690]　《水利史》九六頁誤作二十四年。

[691]　《再續金鑑》一三七。

九十里。他以為尾閭最宜妥定，前兩口即均淤塞，後一口又無河槽，究宜擇地何處，主張不一，但在黃河未治之先，總不宜使它併入徒駭。[692]

　　果然到光緒三十年，絲網口又淤，是年六月，決利津北岸之薄莊（在鹽窩下），水分兩股：一趨東北入鐵門關故道歸海。[693] 一稍偏北經虎灘西，由澤河歸海，這一支自薄莊東北四十里入沾化境之徒駭河，又行六十里達海（老鴰嘴），東撫周馥以為此路比舊有三口更暢達，遂不復塞。[694] 三十二年，自虎灘東岸分為小岔河，東北至沾化縣岔河入海；岔河南有岔河枝津，名叫麥條溝。[695] 宣統元年十二月，決薄莊下南岸之八里莊，分溜約五成，東北由蕭神廟入海。[696] 明年九月，決利津南岸新馮家堤，東趨楊家河老河身，分為二股：一由絲網口舊道入海，一由毛絲坨舊道入海。[697]

[692]　同上一三九。

[693]　此據周馥七月所奏：是年九月，周又奏稱：「分入鐵門關之水，仍是由絲網口之路，半道竄入，現在絲網口之河，淤成平陸」云云（同上一四三）。

[694]　同上一四三。

[695]　《淮系年表・水道編》。

[696]　《再續金鑑》一四六。

[697]　同上一四七。陡崖頭在毛絲坨潮水界（《論叢》二二一頁），則後一股疑即亞光輿地學社《山東分縣詳圖》之順江河。又道光六年三月張井奏：「海防山安一帶河灘高堤內至一丈四、五、六尺，而至海口之絲網濱等處，則皆灘面相平。」（《再續行水金鑑》六三）從前故道的海口有「絲網濱」這個名稱，現時山東海口也有「絲網口」的名稱，那正是群眾對於河口沖積的自然描寫，所以相隔千里，不約而同。

第十四節（上）　清代的河防

　　海口為什麼屢改呢？張矅早說過：「海口之淤，由黃水與海潮相擊，黃水每為海潮頂託，是以日久必淤。」[698] 李秉衡也說：「黃河變遷無定，因勢利導，捨此別無良圖。」[699] 如果我們尚無法把黃土的下流減至最低限度，又無法避免海潮與黃水相頂託，海口之淤高是必然的。即如黃河故道的海口，舊日本無雲梯關的名稱，靳輔時才有關內、關外之別，築堤止至十套而止。到道光初僅一百四十餘年，十套以下，又有俞家灘、倪家灘、沈家灘、葉家社、孟家社，直至龍王廟、絲網濱、望海墩，計程二百餘里（據道光初范玉琨《論海口鐵板沙》）[700] 後來黃河改經大清河，僅僅二十年（同治末），攔門淤沙已至太平灣，計淤出七八十里（據同治末朱採《治河芻言》）[701]。由這來推理，知道任何海口，即使是最低窪的地方，經過日積月累，都可以變為高仰，而前時高仰的至此或反變為較低，海口頻頻輪轉，就是這個道理。然而海口不穩定、不適合，便會牽累到中游，這一點值得我們密切注視著。

　　至於從現有水文來看（如中國的珠江），或從歷史記載來看（如〈禹貢〉播為九河），河口往往不止一個。但近世某些科學家卻不主張，據劉寰偉說，增闢尾閭為湯森所反對，因為闢尾

[698] 《光緒東華錄》八〇。
[699] 《歷代治黃史》五。
[700] 《再續金鑑》一五一。
[701] 同上一五六。

閘後堤防仍不能免，堤防的高度雖可略減，然高度所省的不足抵償長度的所耗，而且新舊兩尾閘水流的速率很難保其均衡，過大過小，都有不利。[702]

---

[702]　同前引《科學》五卷九期。

電子書購買　　爽讀 APP

國家圖書館出版品預行編目資料

黃河變遷史——金代至清代的河患鳥瞰：利河南行誤說 × 河史通史異同 × 治河主張分歧 × 河事簡表編制……從民族主義到河務政策，看歷代河徙諸問 / 岑仲勉著 . -- 第一版 . -- 臺北市：崧燁文化事業有限公司 , 2024.07
面；　公分
POD 版
ISBN 978-626-394-532-6(平裝)
1.CST: 水利工程 2.CST: 歷史 3.CST: 黃河
682.82　　113009908

黃河變遷史——金代至清代的河患鳥瞰：利河南行誤說 × 河史通史異同 × 治河主張分歧 × 河事簡表編制……從民族主義到河務政策，看歷代河徙諸問

臉書

作　　　者：岑仲勉
責任編輯：高惠娟
發 行 人：黃振庭
出 版 者：崧燁文化事業有限公司
發 行 者：崧燁文化事業有限公司
E - m a i l：sonbookservice@gmail.com
粉 絲 頁：https://www.facebook.com/sonbookss/
網　　　址：https://sonbook.net/
地　　　址：台北市中正區重慶南路一段 61 號 8 樓
8F., No.61, Sec. 1, Chongqing S. Rd., Zhongzheng Dist., Taipei City 100, Taiwan
電　　　話：(02) 2370-3310　　　傳　　　真：(02) 2388-1990
印　　　刷：京峯數位服務有限公司
律師顧問：廣華律師事務所 張珮琦律師

-**版權聲明**

定　　　價：350 元
發行日期：2024 年 07 月第一版
◎本書以 POD 印製
Design Assets from Freepik.com